楊 慧
河野太通 著

太極の心

楊名時の志を継いで

二玄社

楊名時関帝美術館十選

楊名時師家のもとには長年の幅広い交友関係から、たくさんの美術品が寄贈され、自らそれらのコレクションを指して「楊名時関帝美術館」と称した。

石膏関帝像

楊名時師家は『三国志』で活躍した義侠心の誉まれ高い武将・関羽をこよなく愛した。

黄玉製鑑真和上坐像

命がけの日中友好の先達として尊敬してやまなかった鑑真和上。鑑真ゆかりの大明寺で縁あって入手したもの。

帥立志書刻・竹簡「太極拳経」

現代中国の名書家・帥立志から贈られたもの。「太極拳経」は太極拳の聖典である。

呉作人画「熊猫図」

いまでも自宅に飾られている水墨画。愛らしいパンダの姿に楊名時師家の優しい心根が窺われる。

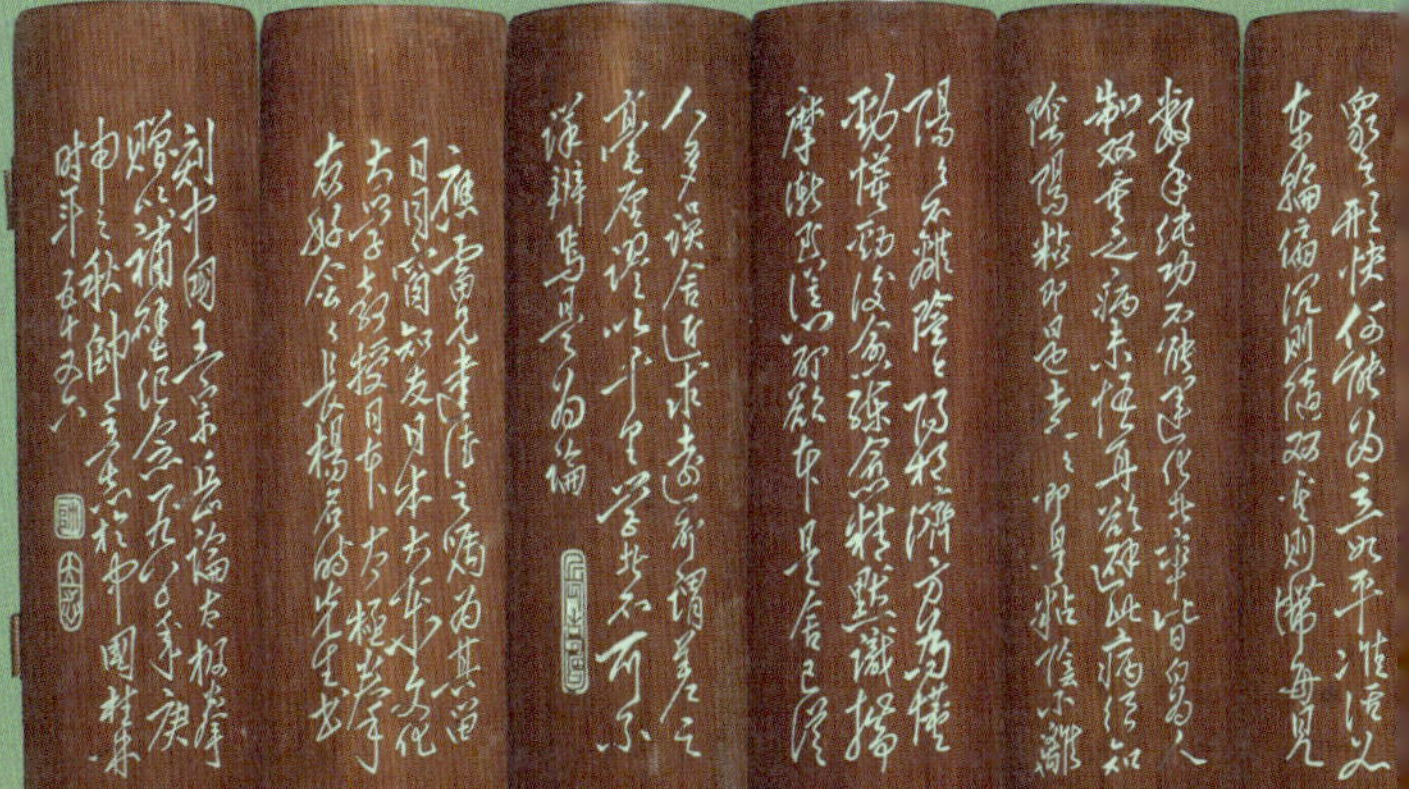

董寿平書「同心協力」

現代中国を代表する書家・画家であった董寿平の一書。楊名時コレクションの奥深さを物語る作品である。

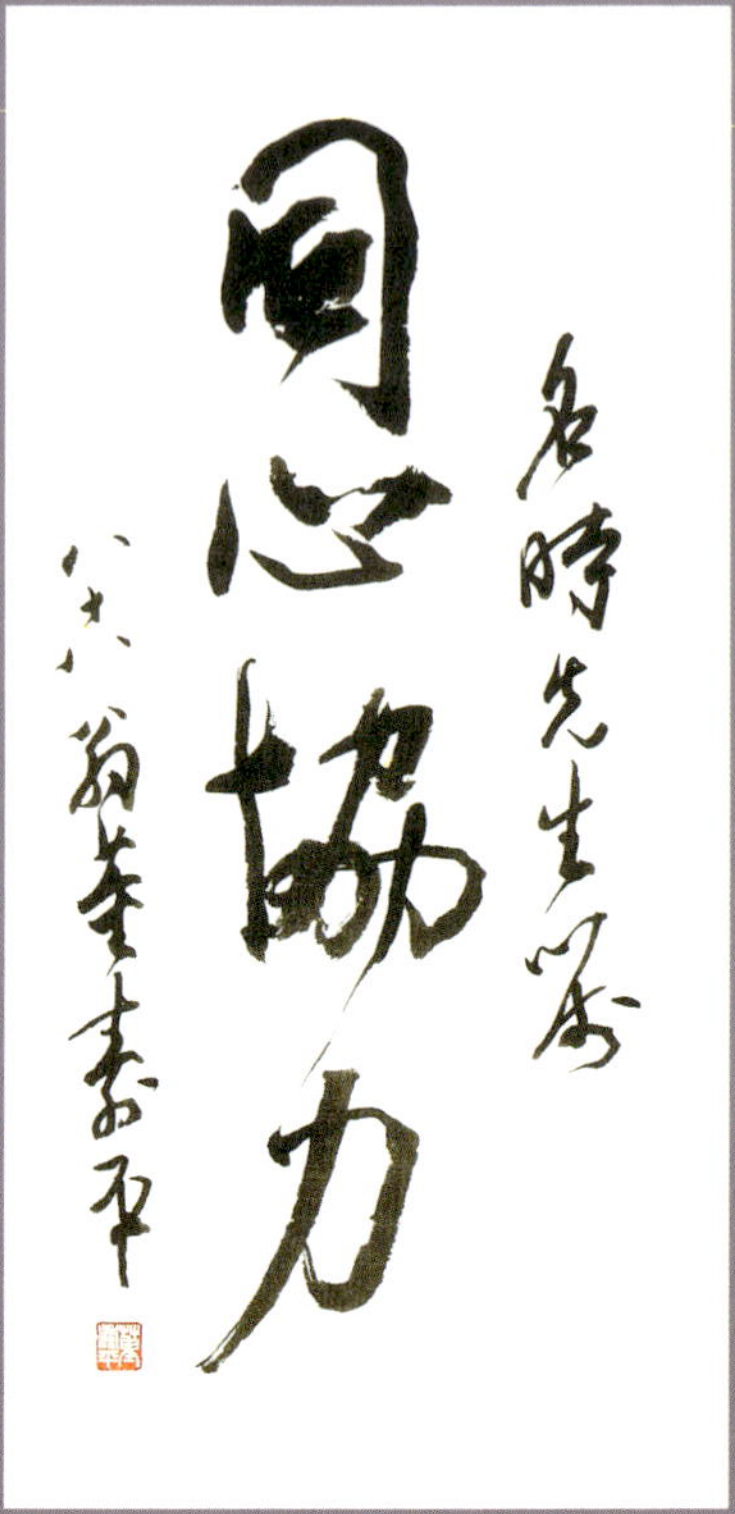

北村西望書「一期一會」

長崎平和祈念像の作者として知られる彫刻家・北村西望の書。
作者102歳の時の気迫に満ちた一書。

帥立志書「流水不争先」

もっとも好んだ言葉の一つだけに多くの書を所蔵している。その中でも特に優れた一書。

王成喜画「寒香紅梅」

外国人作家で初めて日本の国会議事堂に作品が飾られた日中友好を象徴する芸術家。梅はその代表的なモチーフ。

呉永良画「知音」

中国の故事に由来し、特別な理解者や親友を意味する「知音」。人との縁を大切にした楊名時師家にふさわしい作品。

呉友如画「鶴鹿同春」

呉友如は清代末期に活躍した画家。鶴も鹿も、ともに長寿のシンボルである。

太極の心——楊名時の志を継いで

序

中野完二

楊慧先生は、日本健康太極拳協会の機関誌『太極』に、「師家の志を継いで」を連載してくださっています。最初、連載は「少し荷の重いお役目」とおっしゃっていましたが、日頃、感じたこと、考えたことを、率直に、丁寧に表現し、読む人に感銘を与えています。文章にお人柄がよく出ており、感じ方、考え方にも磨きがかかり、深さを増しているからでしょう。

このたび、『太極の心――楊名時の志を継いで』という本を、楊名時八段錦・太極拳五十年という記念すべき年に、「師家の志を継いで」と、河野太通老師との二度にわたる、得がたい対談を中心に据えて、二玄社より上梓されます。

師家・楊名時先生が求めた太極拳の心、「健康・友好・平和」を目ざす楊名時太極拳の真髄が、やさしく、ゆったりと描かれていると思われます。これから楊名時太極拳を推し進めるうえでも、ぜひ読んでいただきたい、とおすすめいたします。

（日本健康太極拳協会副理事長、『太極』編集長）

目次

志を継いで　楊 慧　83

対談第二部　明日への眼差し　楊 慧×河野太通　137

対談第一部

よみがえる日々

楊 慧 × 河野太通

二〇一〇年二月十九日
於・楊名時太極拳記念会館楊名時美術展示室
司会・二玄社編集部
※（　）内はすべて編集部による注記。

――今年が、楊名時師家がアジア・アフリカ語学院で太極拳を教え始めて五十年ということで、十月十日の生誕日を中心に、師家をあらためて見直していく大事な一年になるのではないかと思います。ぜひ、この機会に、もう一度楊名時の心、人間性を、いま太極拳をやっていらっしゃる方々に伝え直したい、しかも、思い出や回想だけに留まるのではなく、できればそこからさらに踏み込んで、いま現在太極拳をやっていらっしゃる人たちが、師家の教えを踏まえて、これからどこへ行くのか、あるいは行くべきなのか、というところまでお話を広

アジア・アフリカ語学院の合宿風景（1960年代）

げていただけましたら幸いです。

とはいえ、まずは、特別に近しいご関係にあったお二人に、楊名時師家の思い出をざっくばらんに語っていただき、できるだけ生き生きとした師家の姿を浮き彫りにしていきたいと思っております。

では初めに、太通老師から、師家との最初の出会いについてお話をうかがえますか？

太通老師と楊名時師家の出会い

河野　私は、こういうことも特別な出会いというものかなと思うんですけど、何の本を探しに行ったのか、神戸の本屋さんを歩いていまして、確かご婦人の雑誌だったかと思うんですが、そこに一人、空手衣の男性の立ち姿が写っていたんです。その風貌をひと目見て、中国に大人《たいじん》という言葉があるけれど、私は、大人の風貌をなさった方だなという感じを受けたんですね。これはどういう人かなと、その雑誌の記事を読んだら、太極拳の先生でいらっしゃる、と。

その頃、私はまだ太極拳というものを知らなかったんですね。それ以前に中国を旅したことがありましたが、上海のホテルで、朝、窓を開けてみたら、下で日本の体操でもない、かといって踊りでもない、体操と踊りの混ざったようなものを三十人ぐらいの方が粛然として演じておられてね。それを見ていたので、ああ、あれが太極拳というものだったんだなと思いました。それから私は、楊名時さんという方に会いたくなったんです。それで、その雑誌から東京の住所を控え、電話番号を調べて、東京にやってきてお会いした。最初お会いしたのが、抱一龕《ほういつがん》道場（楊名時師家の空手の恩師である中山正敏師範の道場。中山師範の招きで、ここでも太極拳教室を開いている）でした。そして翌日、朝日カルチャーセンターにも行きました。お会いするなり、太極拳をや

1970年代半ばの新宿・朝日カルチャーセンターの稽古風景

らされましてね。朝日カルチャーでは、ちょうどお昼時だったと思いますが、終わった後一緒に食事をしましょうと、カルチャーセンターの食堂でご馳走をいただいたんですわ。それからずっと、お会いすると食事していましてね。美食家でしたね。それが、出会いですわ。

楊慧　いまお話をうかがうと、父が老師様に初めてお目にかかった時もそうだったんだなと分かりましたが、父はずっと、どなたでも、たとえば教室をちょっと見てみたいとか、どんなことをやっているのか見せてくださいという方がお見えになると、見ているだけでは絶対だめで、「一緒にやりなさい」と勧めました。「見ているだけじゃ分からないから」と。「私はできません」と言っても、「できなくてもいいの。とにかく中に入りなさい。一緒に動いてみましょう」というのが父のスタイルでした。

河野　そのようですね。

　とにかくそういうわけで、最初は太極拳がどういうものか知らなかったわけです。それでも、ただ楊名時先生の演じている姿を写真で見ただけで、これこそ私がその頃問題にしていたことを解決する動作だな、と感じたんです。どういうことかと言うとね、坐禅というのは静かにただ座っているわけですね、姿勢を正して。だから、外から見ておりますと、精神的に、ちゃんと正しい坐禅の心になっておるかどうか分からないわけですよ。すましてやっておると。しかし坐禅というのは、坐禅をしている時の心が、畑で仕事をする時も、家でお掃除する時も、そのまま続いていかなければいけない。その続いているのが、本当の坐禅だというんですね。ところが、なかなかそうはいかんのですよ。この時、こうして（坐禅をして）いる時はいいんだけれど、日常の中でいざ動き出すと、なかなか。坐禅の時の心、精神、雰囲気というものがずっと続いて、「歩歩《ほぼ》是道場《これどうじょう》」といって、「歩くのも道場であり、坐禅である」となるのが理想だというんだけれど、なかなかそうはいかんわけですね。動き出しちゃうと乱れる。何かそこでつなげるものはないのかな、練習方法がないのかなというようなことを、その頃、雲水を指導していて問題にしていたんです。そんな時に、太極拳をやる楊名時先生の立ち姿を見て、ああ、これだと思ってね。それで、この人にどうしてもお会いしたくなって、東京にやってきたんです。

楊名時師家の立ち姿
（2003 年、箱根研修会にて）

太通老師の独習方法

楊慧 その頃、老師様は龍門寺（岡山県姫路市）にいらしたんですか。

河野 いいえ、私はまだ神戸ですね。

楊慧 祥福寺（兵庫県神戸市）ですね。

河野 そう、祥福寺専門道場というところで、私は三十人近くの雲水を指導していたから、太極拳を習いにしょっちゅう東京に出てくるわけにはいかない。ところが楊名時先生は名古屋に毎月出ていらしてたんですね。それで名古屋ならいけるかなと思ったけど、これも一月に一遍じゃしょうがないでしょ。そこで私の弟子を名古屋の教室に毎週習いに行かせて、帰って来たら私に教えさせた。

そんなことでは、なかなか身につかない。それで本を買って、カレンダーの裏に足型の紙を貼って、ビデオを見ながら独習したんです。ところが画面を見ていると、後ろ向きになると分からなくなっちゃう。苦労しましたよ。

楊慧 あの頃のビデオはみんな正面から撮っているから、見ていても逆になっちゃう。

最近のは後ろ向きでも撮るので、後ろ姿に合わせて動けるんですよ。

それにしても「足型の紙を貼って」というのは、すごいですね。

河野　古いカレンダーを裏返しにして全部つないでね。そこに、足袋を一足買うとボール紙の足型が入っているでしょ、あれを置いてね。全部写す。それで、足の動きがだいたい分かるんですよね。ところが今度は、手の動きが分からない（笑）。

礼は往来を尚ぶ

河野　その頃、楊名時先生が最初におっしゃったのが『礼記《らいき》』という、中国の古い書物でね（「五経」の一つで、周末から漢代に至る古礼についての儒者の説を集録したもの）、その中に書かれている「礼は往来を尚《たっと》ぶ」ということだった。「最初にあなたが私を訪ねて来た。今度は私があなたを訪ねていく番だ」と。それから毎年、先生からばかりの往来が始まったんですよ。先生が毎年、祥福寺に見えられるようになった。
楊慧　七月ですよね。

河野　そう、毎年七月に奈良に行かれて、その帰りがけに逸子さん（楊名時夫人）の京都のお母さんのところに。それから私のところへおいでになった。

楊慧　そうなんです。だから毎年七月はたっぷり休みを取って、うちの両親は必ず関西へ行きました。そして、老師様にお目にかかるのをすごく楽しみにしていたんですよ。

河野　そんなふうに、毎年先生は祥福寺に来られるようになった。せっかくお見えになるから、うちの雲水たちにも教えるようになって、それから大阪支部の連中もみんな来て、みんなでやるわけですよ。そのたびに私が少しでも上達していないと格好が悪いでしょ。それで、先生がお見えになるから一所懸命にやるんですよ。そんなことで、結局は覚えさせられちゃった、というのかな。先生がお見えにならなかったら、途中でどうなっていたか分からんですね。

楊慧　夏、七月は必ずうかがっていましたね。

楊名時師家の教え方

河野　それで先生はね、演じている時に「手を、そこで上げろ」とか「もう少しからだをどうしろ」とか、そのようなことは何もおっしゃらなかった。そのかわりに、「柔らかい心で、和を以て貴しとなす、です」とか「同心協力」とか、いろいろ、その時々に心和むお話をなさってね。肝心の太極拳の形のことは何もおっしゃらないんです。

おっしゃらないから、先生の姿を見て、姿だけじゃなしに、先生の姿から醸し出される精神的状態、心というものを体得しようという努力をしたんじゃないかと思うんですね。

そういうことを、慧先生は受け継いでおられて、ありがたいなと思っています。

楊慧　ありがとうございます。私も、太極拳をやりたいと思った時に、――それまでも父のやるのは見ていたんですけど、自分がするというわけではなかったんですね――でも、自分がやってみたい、やりたいという話をし

楊名時師家と楊慧師範
（2002年、ビデオ「楊名時の健康太極拳」撮影スナップ）

た時に、やはり同じように、「パパが稽古をするから、あなたは後ろで黙って真似をしなさい」と。

河野　それは何歳くらいの時？

楊慧　高校生くらいですね。でも、やっぱり分からないわけですよ。で、「この手どうなってるの」とか「足はどうなっているの」とか質問すると、「そんなことは見ていれば分かるんだから」と、何も教えてくれないんです。とにかく、後ろで真似をする。で、「大事なことは心だよ」と。「目に見える動作や形は、その時々で違う。パパも違うんだ。あなたが、ここで私の後ろで動くことがすごく大事なことなんだよ」と。そうやって、毎朝庭で習い始めたのが、最初なんです。

　それとはまったく逆に、私の兄に対しては、男の子だということを最初から意識していたんだと思うんですね。中学生くらいからでしょうか、王樹金老師（一九〇五〜八一。日本に太極拳、形意拳、八卦掌を紹介した中国武術界の重鎮）や空手の先生など、要するに楊名時の世界以外の、中国に流れているそういったものなども、男の子だから修業してこいという感じで。だから、兄は私とは違う技術的なところを深めていった。でも私は、ただ「パパの後ろで真似をしなさい」。そこから分かってくるんだよ」と。いま思うと、それが、老師様がおっしゃったように、手がどうだとか、足がどうだとかということ以外の話をする時間にもつながっていたんですね。
そして、その頃から父がとても大事にしていたのは、人とのご縁。「いいご縁もあるし、良くないご縁もあるかもしれないけれど、あなたが、この方とはいいご縁をつないでいけるなと思った人とは、大事に長く付き合っていかなければいけないよ」と。「いいご縁を大事にして、たとえ千里離れていても、すぐ隣りにいる人よりも行き来をしなさい。それによって、あなたの人生に大きな違いが生じてくると思うから」と、よく言われて。その時は気がつかなかったんですけれど、いま振り返ると、たくさん父と一緒にいたおかげで、いろんなご縁をいただいたなと思います。ありがたかったですね。

楊名時師家と楊進・楊慧師範
(2002年、ビデオ「楊名時の健康太極拳」ジャケットより)

河野　人間ですから、いろ

いろ欠点もお持ち合わせだと思うんですけど、しかし、そういうものも、かえって良さになるというかね。人間丸々、楊名時という人格、魅力的な人格が出来上がっておったんだと思いますね。

ですから八段錦でも、これは胃腸にいいとか、心臓にいいとかおっしゃるんですけどね、それ以上のことはほとんどおっしゃらなかったですね。

楊名時太極拳の極意——北京空港の思い出

——「人間丸々の魅力」ということを、もう少し具体的にお聞かせ願えますか?

河野　これは、あの日本健康太極拳協会十周年の大会の時のご挨拶でもちょっとお話したんですが、先生との一番最初の中国旅行の時ですよ。一九八〇年ですか。鑑真和上が日本に渡来されるまでお住まいになっていた大明寺をお参りして、お堂の前でみんなで太極拳を演じた。お参りしただけでは済まない。必ずどこでも演舞しましてね。その帰りは上海から飛行機に乗ったんですが、乗った時に、中近東のほうの飛行

1980年の中国太極拳の旅、寒山寺での記念写真
（後列左から３人目が楊名時師家、一人おいて河野太通老師）

機だったんです。なにか臭いし、いやだななんて言っていた。でも仕方なしに、それに乗って飛翔したんですね。そして、三十分くらいした頃ですかね、ガタガタ揺れ出して、そんな経験は初めてでしたけど、関東の日蓮宗の人が多かったのでしょうか、「南無妙法蓮華経、南無妙法蓮華経」と始まった。吐く人も出てきた。私も気持ちが悪くなってきたので、座席の上で坐を組んで、坐禅の時の呼吸法、「数《す》息《そく》観《かん》」（自分の呼吸を勘定することで意識の集中と精神の安定を図る）をやっておりましたら、寝ちゃったんですよ。どれくらい眠ったのか。たいした時間じゃないと思いますけど、ふと気がついたら、みなさん大変静かになっていた。そして、飛行機は着陸態勢に入っていたんですね。私は、もう成田に着いたの

かと思った。上海―成田間が二時間くらいですかね。そんなに寝ておったのかと思い、窓から外を見たら、「北京」というネオンが見えた。「やぁ、成田にも大きな中華料理屋ができているんだなぁ」と思いました。だんだん下がっていったら、ブルーの人民服を着た人がたくさん見えまして、北京飯店ではなくて、北京空港だと気づいたんですね（笑）。

飛行機の具合が悪いから、北京空港に降りたんです。飛行機を修理するまで待ってくださいというわけで、飛行場の待合室で待たされた。待っている間、何時間待ったら飛行機は直るんだろうかと、みんな心配していました。あの時二十人くらいのグループだったと思いますけど、ぶつぶつ苦情を言い出し始めましてね。「いくら修理したって、あんな飛行機には乗りたくない」という人と、「あの飛行機に乗り合せたのも運命なんだから、私は運命に任せます」という人と、二つに分かれて侃々《かんかん》諤々《がくがく》になっちゃったんです。困ったことになったなと思いながら聞いていたんですが、どなたかが私のところに来て、「河野さん、あなた坊さんでしょ。この騒ぎを収めてください」と言うんです。さて、どうしようかなと思った時に、名時先生が「みなさん、太極拳を演じましょう」と言って、一人、粛然と始まったんです。それを見て、一人二人と参加する。とうとう全員参加ですよ。全員が、待合室で粛然と太極拳を演じた。ひと通り演じたら、みんな静かになって、文句を言う人は誰もいない。そのうちに空港側から「今夜はここに泊まっていただきます」と。北京ホテルといったかな、まだ完全には出来上がっていないホテルでしたが、そこに泊まって、次の朝、中国民航機で帰ってきたんです。

思ったんですが、これこそ楊名時太極拳の極意だな、と。いろいろとぐずぐず文句があっても、太極拳を舞うことによって、みんなが同心協力しちゃったんですよ。あの時に、先生がもし動き出さなかったら、どうしただろうか。理屈を言ってなだめたりすることはできるでしょうけど、しかし、それだけで平安にはなれない。やはりからだを動かして、みんなで同じ動作をする。これでもって心が平静に収まっちゃったんですね。これが、楊名時太極拳の極意だ、と思っています。

楊慧　父は二〇〇五年に亡くなりまして、その翌年に一周忌の法要と、お骨の一部を分骨するために中国へ一団で行きました。その一周忌の時に、北京空港で台風に見舞われて、北京から太原に行く飛行機が飛ばなくなってしまったんです。いつ飛ぶか分からないし、だんだん食べ物もなくなってしまうし、どうなるんだろうという状況になったんですよ。全部の飛行機が一斉に飛ばなくなってしまったわけですから、空港の中のレストランも売り切れになっちゃって、夜は本当は空港を閉めるはずが、閉めることもできない。

あの時、太極拳の人たちは、心の中は穏やかでなかった人もいたと思いますけど、雷が鳴る中で、窓の前で誰かが太極拳を舞い始めると、そこへ他の人もすっと行って一緒に太極拳を舞い始めた。老師様のいまのお話は三十年くらい前のことですよね。三十年前にやはりそういうことがあって、また父の一周忌の時もそういうことがあって……不思議ですね。もしかしたら「何ごとも順調にいってはいけないよ」という、天国からの父の戒めだったのかもしれませんね。

楊名時師家一周忌法要の中国旅行にて（2006年、後列中央に楊慧師範）

楊名時師家の故郷を訪ねて

五台山の広大な風景

河野　ところで、中国への旅といえば、五台山参り。「私のふるさとは五台山の麓だから、一緒に行きましょう」と、ずいぶん前から名時先生は言ってらしてね。

楊慧　お会いすると、いつも言ってましたね。

河野　亡くなってから、ようやく実現したんですけどね。先生のお育ちになった家まで行くと、子どもの頃木登りしたという大木がありました。その木の下でみんなで演舞をしたりしてね。先生が、どこかで案内してくれているような気がしましたね。

――ご存命の頃は、五台山にみなさんで行か

五台山の記念碑

れたことはなかったんですか？

楊慧　行けなかったですね。上海や北京には、老師様や私の母とも一緒に行きましたが。五台山はとうとう行けなかったですね。

――実際に五台山へ行かれてみて、師家の生まれた土地というのは、どういう感じでしたか？　生前に聞かれていたお話と重なりましたか？

河野　五台山に先に行ったのか、先生のお宅が先だったか定かでないんですが、五台山というところは、日本の比叡山の千日《せんにち》回峰行《かいほうぎょう》のモデルになったところですね。圓仁《えんにん》という日本の偉い坊さんが五台山に行って、五台山巡りをした。五台山巡りはいまでもしている人を見ました。それをお手本にして日本でも千日回峰行というのが出来上がっていったんですね。圓仁さんがおられたというお寺もありましたし。

私の感じとしては、比叡山どころじゃないんですよ、五台山というところは。比叡山が五つあるんですな。五台山という一つの山かと思ったら、そうじゃない。東西南北に一つずつ、真ん中に一つで五つの山がありました。その全体を称して五台山という。ですから、この五台山巡りというのは日数もかかります。険しい山ですから。

中国の共産革命で、紅衛兵が自国の伝統施設を、仏教寺院のみならず孔子廟などいろいろ破壊したでしょ。だから、その影響が五台山にもあったんじゃないかと心配したけれど、さすがに紅衛兵も五台山までは手が伸びなかったようですね。それだけ広範囲にわたった仏教の聖地だし、破壊することに気後れしたんだと思います。そのような感じを受ける広大な聖地ですね。ですから、私たちはお兄さんの進先生と一緒だったんだけど、三つ回って、残り二つは回れなかったですね。それも、バスで回ったわけですけど、あちらの方はてくてく歩いて回っていました。

その麓の古城村の、名時先生が生まれ育ったおうちに行きましたが、いまはもう、誰もお住まいになっていなくて。以前はいとこの方ですか？　どなたか、おられたとか。

楊慧　私たちの従姉妹になります。父の姉の娘さんだと思います。

河野　私たちが行った時には村の人に案内してもらって、歓迎の花火まで上げていただきました。近くに小学校があって、その小学校には、楊名時先生が相当の援助資金を出されて、教室を一棟建てることができたと聞きました。

先生の旧家は、本当にいかにも伝統的な中国の旧家、という感じでしたね。先生が日本に来られてから、その従姉妹の方は亡くなられたんですかね。相当傷んでおりましたけど、しかし部屋に入る出入り口の扉とか、窓の扉とか、素晴らしく良いものでね。私は「これ、もらって帰りたい」と冗談を言ったぐらい立派な風格のあるおうちでした。先生が勉強していたという部屋も見せていただきましたよ。

楊慧　小学校の話が出ましたが、その小学校が建った時のお祝いに、うちの娘の玲奈が行ったんですよ。父は行けなかったんですが、母と一緒に。ちょうどあの子も小学生だったので、子どもたち同士の交流にもなるから、と。その頃はバスがなくてみんな歩くんだけど、子どもだからと、馬に乗せてもらって山を登ったと言っていました。本当にすごい山奥なんですね。

河野　まったく、見渡す限り近代的な建物は何もないですよ。おうちは中国伝統の民家ですね。日本の集落もそうであったと思いますけど、石造りの門構えで集落を囲ってあってね。

――慧先生は、師家から五台山の話などは？

楊慧　あまり風景まで思い浮かぶようには聞いていませんが、私が覚えているのは、父のうちは門番さんの家があって、そこから住居までずっと遠くなんだよ、それくらい広いところなんだよということです。

河野　その門のところに、石の額がはまっていました。その額に、先生がその地区の

楊名時師家の生地・古城村の現在の様子

村長さんだかに頼まれて、何かをお書きになったんだそうです。が、時の政権に関わる人から、その文言が「いけない」ということで、取り外されたということがあったと聞きました。そこを入っていくと、おっしゃるようにずっと家が続いているんです。

楊慧　昔は、その門から中が全部楊家の敷地だったんです。

自伝(『太極　この道を行く』海竜社刊)にも書いてあるように、父の兄弟はお姉さんしかいなくて、自分は一番下で男の子だったので大事に育てられた、と聞いています。父のお父さんも早くに亡くなっていたので、自分もそんなには長生きはできないと思っていたようで、「思った以上に長い人生を生きてきたな」と、晩年は言っていました。

河野　そうすると、名時先生は日本に留学ということで来られましたけど、その時はもう先生のお父さんは亡くなっていたんですか。

楊慧　父が十五、六歳の時ですね。一九四〇年頃。

河野　それから数年して、日本に来られるんですか。

楊慧　そうですね、十八歳ぐらいですから、日本に来たのは。一九四三年のことです。

道衣は日中の架け橋「楊名時太極拳」の象徴

河野　ところで、慧先生は、さっきおっしゃっていた高校生くらいの時に、「あなたもやりなさい」と名時先生に勧められて、太極拳をお始めになったんですか？

楊慧　いいえ、父は私には勧めなかったんです。でも、いつも見てはいました。で、「自分がやりたいと思ったら、やりなさい」と。正直、自分が小さい時は、ああいうのは年をとった人がやるものかなと思っていました。でも、「空手は習いなさい」と言われて、空手の道場に通っていました。

河野 ほう、それはいつ頃から？

楊慧 小学生ですね。でも結局中学二年くらいでケガをして辞めちゃったんですけど。

河野 楊名時太極拳の道衣は、空手衣ですよね。空手の道場である抱一龕道場での先生の教室を最初に訪ねた時から思っていることですが、楊名時太極拳には空手のかたちというものが大いに取り入れられている、というか、肥やしになっているんじゃないかという感じがするんですがね。

どちらも拳法ですから、それ（空手）が太極拳の姿かたちの中に上手に取り入れられて、楊名時流に消化さ

万里の長城で金澤弘和師範と
組み手をする楊名時師家（1981年）

れているという感じがしますね。

楊慧　高校生くらいの時に始めた時は、道衣を着て太極拳をするということがピンと来なかったんですよね。空手や柔道で道衣を着るのは格好いいと思えたけれど、太極拳で道衣というのは、自分の中では一致できなかったんです。でもいまの私は、道衣なしには考えられないんです。「道衣があって初めて楊名時の太極拳なんだ」と思うようになって。やはり道衣を着ないと落ちつかない。父が初めて空手衣でやったことを端緒に、今日こうして道衣が、日本で育った太極拳の正式ユニフォームになっているというのは、素晴らしいことだなと思うんです。

河野　まったくそうですね。楊名時太極拳だって中国服を着ちゃ悪いとおっしゃったわけではないし、時々着てなさっている方もいる。それはそれでいいんだけれど、道衣を着たほうが楊名時太極拳だなという感じがしますね。それは着衣だけの事柄ではないと思います。

楊慧　私も、雑誌やテレビだと、写真や映像を撮る人から「やっぱりそれは……。こういうの（カンフー服）を着てください」と言われるんですけど、やっぱり道衣を着てやらないとしっくりこない。それで一番最近出した本（『健康太極拳』新星出版刊）では、道衣のバージョンを作ってくださいとお願いして、普通のシャツなんかを着てやっている太極拳と一緒に、道衣を着て演舞するところを、ＤＶＤの中に加えてもらったんですよ。この道衣が楊名時太極拳の象徴なんです。

河野　道衣はもう空手衣ではなくなって、特に慧先生が着て演じていると、いや、演じていなくても着ている姿は、ほんとにもう空手衣じゃなくて「太極拳衣」だなと、そういう感じですよ。

楊慧　楊名時太極拳の服だ、と。

河野　空手や柔道をやっている女性が着た姿と、慧先生のとは違う。この人は空手ではなく太極拳だと。

楊慧　そういっていただけるのは、すごく嬉しいです。だから、これは絶対に変えてはいけないと思っています。

河野　女性で空手衣を着てやっている、それは素晴らしいけど、恐いような感じ

本部道場で行なわれる楊慧特別研修教室の指導陣
（前列中央が楊慧師範）

もする。ところが慧先生のは、かわいらしいです。この人が着ると（笑）。

楊慧　楊名時太極拳は、道衣なくしてはできない。

河野　「太極拳衣」になっていますよ。日中文化交流の結着です。

楊慧　父がこうして、よく残してくれたなと思います。

河野　楊名時太極拳の人口は、いまや大変なものでしょう。これがみんな、師範以上、いや師範でなくても道衣を着ていますよね。おそらく名時先生も、のちには中国と日本の懸け橋、鑑真和上がなさったような文化の懸け橋になろうとお思いになったろうけど、最初始めた時には、あんまりそんなことを思っていたわけではない。ただ、自分が幼少の時に身につけた健康体操というかな、心とからだの健康のための体操として始められたわけでしょう。それがいまや、日本に太極拳というものが、楊名時先生によって確かに根づいたんです。

楊慧　中国で発生したものだけど、いまや日本の中にしっかり根づいた、日本の太極拳になっていますね。

知之者不如好之者、好之者不如楽之者——おみくじの不思議

河野　私たちも身体的、医学的なことと太極拳との関係を理論的に知りたい、というような思いはあります。ただ一方で、楊名時太極拳がこれだけの広がりを持ったというのは、名時先生があまり難しいことを言わなかったから、という面もあるんじゃないでしょうか。それぞれの人が、一所懸命にやらなければならない生業を持ちながら、そのかたわら、太極拳を長く実践することで心もからだも健康になり、安らぎにつながる……というようなことで、それ以上のあまり難しいことをおっしゃらなかったから、広がったように思うんです。理論的なことを知るというのも大切なことですが、結局はそれをも超えて、「無心になっちゃう」というところに至らなければ演じる意義はない。楽しくって、気持ちがいい。そういうところに行くのが、太極拳の良さですね。

——楊名時師家がお好きだった言葉に、確かこういうものがありましたね。「学ぶ者は……」

楊慧　「これを知る者は、これを好む者にしかず。これを好む者は、これを楽しむ者にしかず（知之者不如好之者、好之者不如楽之者）」。これは素晴らしい言葉ですね。「知る」、確かに知識として知ることも大事だけど、そこだけじゃなくて「好き」ということが大事だし、「好き」なだけじゃなくて、「楽しい」という気持ちになることがもっと大事だよ、という意味ですね。

驚いたことがあったんです。父が亡くなった次の年くらいだったか、うちの近くの氷川神社というところの秋祭りでおみくじを引いたんです。そうしたら「之《これ》を知る者は、之を好む者に如《し》かず」という言葉が書かれていて、「これは父がいつも言っていた言葉だ。父が亡くなって、また〝ここ〟に戻らなければいけない」と、そう思ったんですね。

何度かそのことを地方でお話しました。父が亡くなってから地方の支部に出かけることも多くなり、その都度、『論語』の中の「父親がやってきたことを三年間変えずにやることが親孝行（三年無改於父之道、可謂孝矣）」という言葉を挙げて、私だけじゃなくみんなが楊名時太極拳の子どもたちなんだから、私たちは、楊先生が亡くなったからといって全然違うことをやってしまわないで、お父さんが何をしようとしていたんだろう、何を目的にして進んでいたんだろうということに常に立ち返り、思い出しながら、その方向にみんなで一緒に向かいましょうよ、ということをお話してきたんですね。

それから今年で父が亡くなって五年が経って、五年間はずっと初詣でに行かなかったんです。なぜかというと、私は父とずっと一緒に暮らしていたところにいまでも住んでいるので、父がいないのが寂しくて。父の生前は、お正月はいつも、おうちで父たちと賑やかに過ごしたんです。でも、今年になって久しぶりに家でゆっくり正月を迎えて、五年ぶりに一月一日に氷川神社に行ったんですよ。で、またおみくじを引いたら、なんとまた同じ言葉が出たんです。ほんとにびっくりしちゃって。それをお守りにして、いまも持っています。

河野　その神社のおみくじは、みんなその言葉なんじゃない？（笑）

楊慧　そう言われたこともあります（笑）。

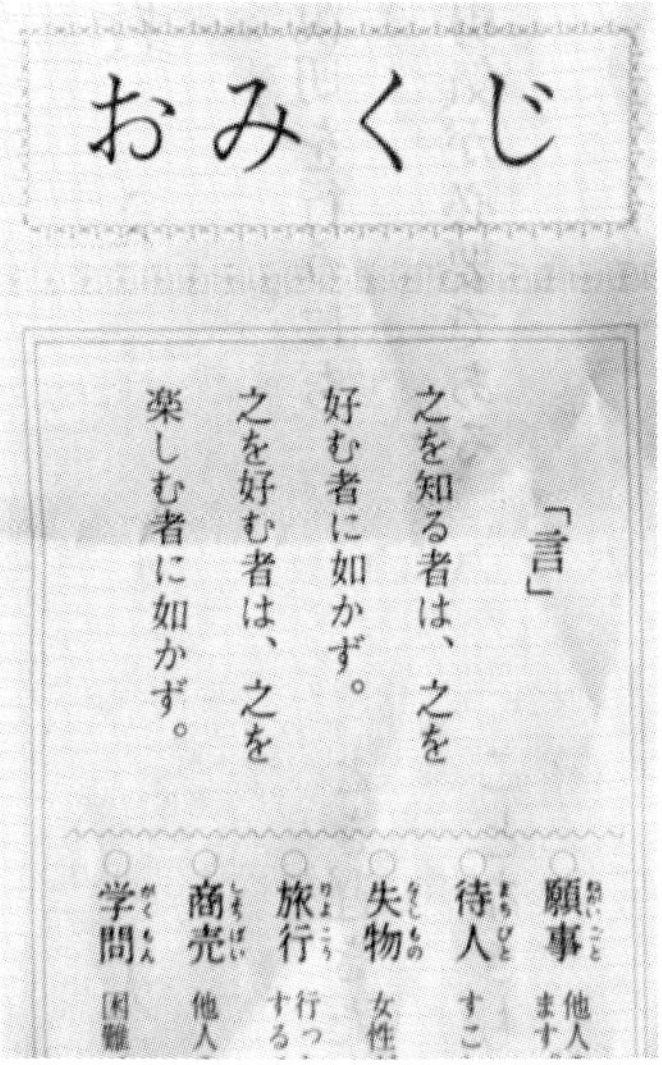

楊慧師範が今年の正月に氷川神社で引いたおみくじ

河野　いや、でもいいのが当たりましたね。
楊慧　父が、やはり〝ここ〟なんだよと、私に気づかせてくれたのかなと、ずっと持っていようと思って。お正月も、この話をしちゃったんですけど。
河野　そこは、とても大事なところですね。何の道でも、それですね。最後は楽しまなければいけませんね。

坐禅もね。坐禅というと、苦しいものというイメージがありますよね。私は楽しい坐禅をさせなけりゃいけない、と思っているんです。もし自分が坐禅をして苦しんでおるんだったら、どこかが間違っている。楽しい坐禅をしろと言っているんですよ。何の道でもそうですよ。
楊慧　だから父は、黙ってやっていればいいんだよ、と言っていたんですね。そこに尽きるんですね。
河野　究極は、人生も楽しまなければいけない。太極拳もその一つ。

師家と老師の家族ぐるみの交流

——ところで、太通老師はよく楊名時師家のお宅にもお泊まりになったとうかがっていますが?

河野　慧先生も一緒にいらっしゃる時に、泊めていただいた思い出がありますね。慧先生に布団やら何やら出していただいてお世話になってね。お母様がおられる時も泊まっているんですよ。

楊慧　太通老師は母と同い年でいらっしゃいますね。

河野　そう、歳が一緒です。

楊慧　午年で。一九三〇年生まれですよね。だから母は、同い年だから、午年だからと言って慕って、老師様が家においでになるとご一緒にお酒を飲んだり……。

河野　よそのホテルに泊まるよりも、先生のお宅に泊まりたいと思ってね。

楊慧　私が覚えているのは、父も母もお酒が好きでしたから、ご一緒にたくさん飲んで、もうここに泊まっちゃおう、みたいな。お布団やお風呂の用意をさせていただいたことがすごく懐かしい思い出ですね。その頃はもう私も結婚して子どももいましたけど、ずっと父と一緒に住んでいましたから、老師様がいらっしゃるといつも呼ばれて、一緒に食事をしましたね。

河野　ずっと一緒に住んでいらっしゃったということは、結婚されてからもお子さんができてからも、ずっと同居されておったんですか？

楊慧　そうなんです。普通、女の子はお嫁に行くと離れるんですが、私は一年間だけほかのところに住んでいただけで、またすぐに東中野に戻って、一緒に暮らしました。考えてみると、父は十八歳ぐらいで日本に来ているわけで、母と結婚したのは早かったですけど、母は早くに亡くなりましたから、私が父の人生では一番長く、五十何年という歳月を共に過ごしたことになりますね。父とは人生の最長期間を一緒にいた、だから、いろんな部分をよく分かっていると思うんです。

河野　いまのお住まいは？

楊慧　いまも、東中野の同じ家に住んでいます。

河野　私この間、東中野に行ったんですよ。
楊慧　えっ？
河野　ご存じないですか？　反対側のほうかな。高歩院《こうほいん》というお寺があるんですよ。名時先生もおいでになったことがある。元、山岡鉄舟の屋敷跡を寺にしたところで、そこで皇司《おうつかさ》というお相撲さんの断髪式があって呼ばれたんですよ。皇司は龍門寺の近くの高校の相撲部出身でね。化粧まわしの字も私が書いていまして。そんな縁で断髪式に来てくれ、と。その時に、例の朝青龍が出てきて相撲を取りました。それがどうも最後になったようですね。
楊慧　つい最近のお話ですね。
河野　つい最近です。初場所が終わったあとですから。その時に東中野に行ったから、思い出しちゃった。ここを歩いて行くと、楊先生のお宅だったな、なんて。
楊慧　お電話をくだされば良かったのに。
河野　これら（楊名時美術展示室にある品々）は、ずっとお宅の広間に飾ってありましたね。
楊慧　そうです。普通家にはないような大きな像とか書画がたくさん飾ってあって、そういうものに囲まれた空間に父はいつもいたんです。

楊名時コレクションが並ぶ対談場所・楊名時美術展示室

　母が亡くなった時も、老師様はすぐに神戸からいらして、その部屋でお経をあげてくださいましたね。あの時のことは忘れられないです。本当に感謝していいます。あの時私はとても動転していましたから。本当にありがとうございました。

――慧先生と老師様とのお付き合いは、いつ頃からなんでしょうか?

河野　泊めていただいていた頃は、「あ、名時先生のお嬢さんだな」と、そのくらいのことだったんですよね。

楊慧　そうですね、あの当時は。

河野　太極拳ということではなしに、名時先生のお嬢さんということでお見受けしておったです。ですから、太極拳では、名時先生が亡くなってからのほうがより交流が深まりましたね。わざわざ龍門寺までお見えいただいたりしてね。

楊慧　私にとって老師様は、雲の上のような方ですから。ただ、母が老師様のことが大好きで、「同い年で気が合うのよ」なんて、ざっくばらんに話していたのをいつもそばから拝見していました。

　老師様とこんなふうにお話をさせていただくようになったのは、父が亡くなってからですね。父や母にこんなに素晴らしいご縁があったのに、私のところで消えてしまってはいけないと。先ほども言いましたように、父からは「いいご縁の方とはどんなことがあってもつなげていくことが大事なんだよ」と言われていましたから、とにかくお訪ねしてお話をうかがいたかったんです。

河野　最初は私が先生を訪ねていったんですけど、そのあと先生は毎年七月になると寺までお見えになって。もし先生が毎年訪ねてきてくれなかったら、私の太極拳も身についたかどうか定かでないです。本当に「礼は往来を尚ぶ」ということを実践で教えられましたね。それで、こんどは慧先生が龍門寺までお見えになって。名時先生の教えが身についておられるんだなと、つくづく思いました。

楊慧　祥福寺には、うかがったことがなかったですね。でも、龍門寺には二度ほど。

河野　神戸の祥福寺のほうが近いし、便利だったんですけどね。

龍門寺の再建

楊慧　確かに龍門寺は遠いですけど、老師様の魅力に惹かれて。とはいえ、最初に行った時にはびっくりしましたね、あんまり古いお寺なので。でも、このあいだ行った時は、ずいぶんときれいになって。

河野　私が行ってから、きれいにしたつもりですけど、なにせ長い間、人の手が入らなかった大きな荒れ寺ですから。

――龍門寺に行かれたのは、花園大学の学長をお辞めになられてから？（平成十三年退任）

河野　辞めて二、三年してからじゃないかな。残念なのは、名時先生に龍門寺に来てもらえなかったことですね。

楊慧　祥福寺には毎年行っていたんですけど、龍門寺にはね。

河野　ちょっともう、おからだの方がお見えいただくには難しくなって二、三年してから、龍門寺に移ったんでしたね。

――祥福寺は本格的な雲水修行の専門道場ですね。それに対して、龍門寺は「大衆禅《だいじゅうぜん》道場《どうじょう》」となっていますが？

河野　元はここも雲水を育てる寺だったんです。お寺に寺領四十町歩という田んぼが付いていたんですが、その寺領を農地解放で失ってから、経営がままならない状況になりまして。なにせ建物が三十棟もあるんです。普通のお寺なら五、六棟というところでしょう。しかも、そのうちの十七棟が姫路市指定の重要文化財になっている。それがみんな傷んでいまして。雨漏りもする。

私が入寺した時に市の文化財課の人がやって来まして「この寺をどうなさるおつもりですか」と問われました。「とにかく、いまは先ず雨漏りを止める」と。雨漏りを止めないと被害が広がりますから。だから市も援助を頼みますよ、と言って。それで五年計画の

祥福寺にて雲水たちと稽古する
楊名時師家と河野太通老師（1995 年）

事業書を出して、今年がその五年目なんです。完全な修復には予算がともなうので、急いで事を進めるわけにもいきません。まぁ、ぼちぼちとできる範囲で修復しつつあるところですね。

ところがいま、大庫裏《おおくり》に素屋根がかかっています。最近、近隣の佐用町というところに大変な水害がありましたが、龍門寺のあたりも同様の雨が降ったんです。本葺きの屋根というのは、瓦が割れたり、ずれたりして、水が浸透してもなかなか下まで落ちてこないで瓦の下の土に染み通って、ほっておいたらどんどん被害が広がる。それで、トタンの素屋根を被せました。当然葺き替えをすることになりますが、その計画は立っていません。

先日、『神戸新聞』に出たんですが、江戸時代、大坂に京都御所の瓦を焼く御用瓦屋があったんだそうで、その発掘調査で龍の紋が入った瓦が出てきた。それが龍門寺の瓦だ、と。そんなことで、いま、市の文化財課が瓦の調査をやっています。

楊慧　老師様は四月から（臨済宗妙心寺派の管長として）妙心寺へ。そうなると、龍門寺のほうはどうなさるのですか？

河野　妙心寺の本山には、いま、夏休みや冬休みに学生たちが禅寺に入って坐禅をしながら生活をしたいんだけど、どこかいいところはありませんか、というような問い合わせがよくあります。そこで、祥福寺のような専門道場を紹介する。しかし、専門道場は若き雲水を坊さんに育てるための道場だから、受け入れても、専門の修行者たちについていけなかったり、雲水たちからすると、手間取る連中で困るんですね。そこで、一般のお寺に紹介できればいいんですが……。昔はどこのお寺も、いらっしゃいと迎えていたんですよ。ところがいまや、そういう見ず知らずの人をいきなり泊まらせることがむずかしいことになってきた。昔のお寺さんは独身だったけど、いまは家族も子どももいる。いくら本山からの紹介だからといって、簡単にいらっしゃいと迎えるわけにはいかない。だが本来は、寺というところはそういう人たちを相手にすることがなければいかんわけですね。それで私が龍門寺に入った時に、ここをそういう人を受け入れる大衆禅道場にしてもらえんかという話があって、私もそのような思いを持っていたので、道場を開いたわけです。それでいま、風来坊みたいなのが三人一緒に住んでいますよ（笑）。

ところが、今度は本山に出てこいという。龍門寺をそういう寺にするということで補助金ももらって建物の整備などしたところなので、そんな時に私が居なくなったらどうなるんだと、ご辞退したのです。そしたら、本山に居りっ放しじゃなくて、月のうち三分の一ぐらいは龍門寺にいてもらっていいからということで、お引き受けすることになったんです。

楊慧　では、行ったり来たりで、ますますお忙しくなられますね。

河野　このあいだ、姫路の市長さんと対談がありましたが、「生涯現役」ということを提唱されていらっしゃる。「老師は八十歳になって新しい仕事を引き受けるんですから、まさに生涯現役ですね」なんて言われました。一般の方は、学校を出て就職をして定年になったら現役が終わり――それではいけないよ、退職したあとも現役の心持ちでいるべきだということで市長さんは言っておられるんでしょう。けれど私なんかは、坊さんになっても就職したという思いはそもそもない。人生の目的、坐禅をしたりする目的というのは何かと言えば、仏心に目覚める、円満な人格を形成するということでしょう。人生の目的はそれだ、と。そういう観点からすると、生まれた瞬間から、立派な人間になるための現役ですよ。そして退職してからも立派な人格者になることは続くのだから、現役ではありませんか、と申し上げたら、「目から鱗が落ちました」とおっしゃっていました。

楊慧　太極拳も、そういう意味ではそうですね。

河野　太極拳もまさに、生涯現役ですね。円満な心を作り、実践していく。太極拳の姿は、そういう心そのものですよ。

龍門寺での太極拳

楊慧　老師様は、いま龍門寺にいるその三人の方々と太極拳をやっているんですか。

河野　やっています。さっきの三人と常住の雲水僧と私を入れて七人います。毎朝七時から八段錦と太極拳をやって、それから一時間坐禅します。それは毎朝やっています。

でも、今朝はやらなかった。今日は十九日でしょう。毎月、四と九のつく日を「四九日《しくにち》」といって、その日は頭を剃ったり、洗濯をしたりと、身だしなみを整える日なんです。その日は坐禅も組まない。

楊慧　逆に、それ以外の日は必ず坐禅を組み、太極拳をやっていらっしゃるんですね。

河野　そうです。でも、私は教室を開いているわけじゃないでしょう。ですから、時々独り善がりのかたちになっていやせんかと思って、楊名時先生のＮＨＫの一番古いビデオを映してね。つい出てしまう自分の癖を直すんですよ。

――その頃のビデオというのは、楊名時師家はおいくつくらい？

楊慧　五十代でしょうかね。

河野　まだ若々しいし、ちょうど男の風格が出てきた頃かな。あれが私は好きなんです。音楽もいいし。

楊慧　いまも結構人気なんです。いまでも売っていますし。パッケージが変わったり、DVD化もされたりしていますけど。

河野　ああそうなんですか。もう手に入らないのかと思って、すごく大切にしているのですよ（笑）。

――お坊様で普通の教室に通ったり開いたりというのは、なかなかむずかしいことでしょうね？

河野　坐禅が専門ですからね。なかなか決まった時間が取れない。私が祥福寺にいた時は、みんなで太極拳をやっていたので初伝を何人か取らせましたが、私が龍門寺に移ったので、それから続かなくなっちゃった。

楊慧　でも、いま毎朝、坐禅の前に八段錦・太極拳を続けているのは、それだけでもうすごいことですよ。

苦悩を抱えての楊名時師家の参禅体験

――坐禅といえば、楊名時師家が日本に来られてまもない頃、三島のお寺に坐禅に行かれていますね？

河野　龍澤寺《りゅうたくじ》ですね。あまりくわしくはうかがっていませんが、先生からお話を聞いたことはあります。三島の龍澤寺というお寺に、大変有名な山本玄峰老師という方がおられたんです。紀州の湯の峰というところで捨子されて、青年期は筏《いかだ》流しをして、四国八十八ヶ所巡礼をするのですが、途中行き倒れ、助けられて禅門の小僧になって修行し、その奥義を極めて名僧と称された方です。いま天皇は「国民の象徴」ですね。それまでは天皇親政で、天皇が政治を執り行なったわけですが、戦争が終わって、「それではいけない。

京都大学時代の楊名時師家

これからの政治は民主的なものでなければならん」ということになった。そこで、では天皇をどうしたらいいか、ということを日本は悩んだわけですね。その時の総理大臣（鈴木貫太郎）が三島の龍澤寺まで通って、玄峰老師に意見を尋ねたと伝えられているんです。そしてその時に、「象徴」ということにしたらどうかというのを、玄峰老師が発案したと言われているんですね。事実かどうかは分かりませんけど。

当時（第二次世界大戦中）日本は、中国で将来有為な青年を育てなければならんという思いがありまして、中国全土から優秀な青年を抜擢して日本に連れてきて、東大や京大で学ばせたわけです。名時先生もその中のお一人であって、京都大学で確か法律を学ばれたんでしたね。そういうことがあったのだけれども、母国中国に共産革命が起き、自分たちを日本に派遣した汪兆銘が失脚し、名時先生らを日本に招いた日本の政権もなくなってしまった。そんな複雑に激変した国際社会の渦中にあって、名時先生は、中国に帰りたくともお帰りになれなくなってしまった。以来、日本に住まわれたというわけですね。そういう先生の精神的な悩みと、日本の国家的な悩みといったものが、一つになるようなところがあったのではないか、と。私の推察ですけれども。そういう時に、心の支えを求めて、日本の政治家も訪ねていった、同じ三島の玄峰老師を訪ねていかれたのではないでしょうか。

また、中国では仏教というと禅がかつては一般的でしたから、三島の龍澤寺に玄峰老師を訪ねていかれたのではないかと……。そこで坐禅をなさいました。玄峰老師が亡くなった後は、そのお弟子の東大出の中川宋淵老師にもお付きになって坐禅をしていらしたようですね。

楊慧　その宋淵老師という方が、まだ父が中国にいた頃、山西省に来ていたそうです。それで、父が日本に留学すると決まったあと、日本からこういう方が見えているということで、中国で宋淵老師をご紹介いただいたのが始まりみたいです。それで、日本に留学後、玄峰老師からぜひいらっしゃいと言っていただいたようで。二週間くらい坐禅を組んで、最後に老師と……。

河野　参禅ですか。入室参禅《にっしつさんぜん》されたんですね。

楊慧　その時、中国でお母さんから渡されていたお守りの観音像を持ってきていて、それをそこ（龍澤寺）に……。

河野　納めた？

楊慧　はい、そうお願いしたそうです。そうしたら「お預かりしましょう」と預かってくださったことが、忘れられない思い出だ、と。いまも龍澤寺に行くと、あるのではないでしょうか。

河野　今度（龍澤寺に）行ったら聞いてみましょう。そんな大きなものではないでしょう？

楊慧　お守りですから、掌に入るようなものでは。

河野　龍澤寺は、中川宋淵老師のあと、鈴木宗忠老師に代わりまして、またその鈴木宗忠老師が亡くなってしまい、その次の人が中川球童老師という人で、この人も亡くなってしまって、いまはどなたか知らないんですが。しかしそういうものは、ちゃんと残っていると思いますよ。

龍澤寺で参禅されたというお話は名時先生から聞いていましたが、観音様の件は、聞いたような気もしますが定かでないですね。

――なぜ山本玄峰老師に託したのか、そこには深い思いがあるような気がしますね。もし中国に戻れるという気持ちがあったら、おそらく預けていなかったのではないでしょうか？

楊慧　先ほど老師様がおっしゃっていた、父が龍澤寺に行くその頃、まさに社会情勢が激変して、父がすごく悩んでいた時期だったんでしょうね。そこで思いを託してお預けしたのかな。

河野　中国に、自分たちを日本に留学させた政権がなくなっちゃったんですからね。

なくなっただけではなく、共産革命ですから。それはもう、すっかり様相が変わっていますよね。そして留学生を受け入れた国も変わってしまった。

楊慧　つまり、両方の国で価値観がひっくり返ってしまったわけですからね。

河野　先生とすれば、いかにこれから生きて行くべきかということを、異国において痛切に悩まれたと思いますね。そういう時に、三島の龍澤寺の玄峰老師、宋淵老師が、先生の支えになっていたと思います。それと、太極拳ですね。

それから日本で、中国語をお教えするようになるわけですね。

楊慧　本来は、そういうつもりではなかったんでしょうけど。

でも、きっとそういう時に、山西省でお会いした中川宋淵先生の言葉を思い出して、自分の混乱した気持ちを、そこへ行ってすがるような思いで坐禅をしたのかな、と思いますね。

動く禅としての太極拳

――その後、楊名時太極拳の活動が始まってからのちは、師家は坐禅をされているんですか？　例えば、祥福寺に行かれた時とか。

河野　それ以降は、なさっていないと思いますね。一緒に坐禅をしたこともないですし。むしろ、先生にとっては太極拳が坐禅だったと思いますね。

楊慧　動く禅、だと。

河野　動く禅、動禅だと言って。楊名時太極拳のかたちが確立してからは、坐禅をする必要がなかったんですよ。

楊慧　だからこそ父は、「立禅→甩手（スワイショウ）→八段錦→太極拳→八段錦→立禅→甩手」という全体の流れを大事にしていたのだと思います。そして、「まずは立禅で心を無にして、気持ちを落ち着かせることが第一歩ですよ」、「立禅は絶対にははずしてはいけません。からだをほぐすよりも先に、自分の心を落ち着けなさい」、と。仏教では、臥禅《がぜん》という、寝て行なう禅もあるそうですね。

河野　そういうことを言う人もいます。私の友達は、そうでした。「足しびれるし、しんどい。わしは寝て悟る」とか言ってね（笑）。臥禅というものがあるとするなら、そういうことではないと思いますけど。私は知りません。

楊慧　古い太極拳のお仲間で「臥禅というのを、私は教室でやっているんです」とおっしゃっていた方がいました。臥禅を教室でやる。すると、みんなそのまま寝ちゃったりすると言っていましたけど。でも、解放された気持ちになっていいですね、なんて。

河野　中国に旅行しますと、この頃はどうですかね。以前は、朝起きたら歩道の角っこでじっと立っている人がいました。最初、あの人は頭がおかしいのかなと思って、そっと横を通り過ぎていって、通りの向こうで朝の揚げパンなど買いながら、「あの人、どうしたの？」と聞くと、「太極拳の最初の形をやっているんだよ」なんて言われましてね。あぁ、

第１回対談時・
立って法界定印を作る河野太通老師

なんだそうなのか、と。これを、こうするだけですもんね（老師、言いながら座った状態で坐禅の法界定印《ほっかいじょういん》を作り、そのまま立って立禅の立ち姿となる）。

楊慧　楊名時の太極拳は、最初に始めた頃から礼に始まり礼に終わるのですが、立禅・甩手を行ない、また立禅・甩手で終わる。最後もまた無となって、気持ちを落ち着けて終わっていく。この流れはいまも変えないようにしています。これは最初の頃からの決まりですから。

禅の呼吸と太極拳の呼吸

――雲水の修行には、歩きながらの禅もあると聞いておりますが？

河野　経行《きんひん》というんですが、これは坐禅と坐禅の間に足を休ませる意味もあるんです。「経行」という字のごとく、本来はお経を口で唱えながら歩いたんですね。しかしいまは、必ずしもお経は言わなくてもいい。黙って無心になって。

私は、ただ歩くのではなく（老師、立って実際に歩いて見せながら）、まず「一息《いっそく》一歩《いっぽ》（一歩のうちに、吐いて吸う）。次に「一息二歩」（左・右一歩ずつ、吐く・吸う）。こうして歩く時、太極拳のように重心をゆっくり移動させながらね。それから「一息四歩」にします（一歩ずつ、吐く・吐く・吸う・吸う）。こうしてだんだん普通の歩き方になっていく。そんなことを、私はやらしています。

——なにか、太極拳の動きとつながるものがありますね？

河野　これを経行というんですが、これはある程度広いところでないとできませんよね。これくらいの部屋（楊名時美術展示室）の中で十人くらいが坐禅する場合でしたら、この部屋の中をぐるぐる回ればいいんですけど、これが二十人くらいになると回りにくくなるでしょ。その時にね、私は八段錦をやらせるんです。龍門寺の禅堂は、経行がやりにくいんですよ。普通、経行といえば、禅堂のまわりを歩くんですけど、禅堂のまわりが歩けないような造りになっているもんだから。かといって禅堂の中でもやりにくいものですから、坐禅布団の前に立って、経行の代わりに八段錦をやっています。六月からフランスに行くんですけど、フランスの道場でも経行ではなく、八段錦をやらしています。

——八段錦と坐禅に呼吸法の違いはございますか？

河野　太極拳と同じ腹式ですよ。でも、坐禅の時は順腹式呼吸ですけど、太極拳ではなく八段錦の時には、全式でしょうね。胸まで入れるんじゃないの？

楊慧　いいえ、逆腹式になりますよね。吸うときに胸が膨らみますから。

河野　八段錦の場合は、吸う時は胸一杯になる。

楊慧　逆腹式ですから、吐いていくと、下腹が膨らんで見えますね。

河野　坐禅の場合は順腹式ですから、吸う時に腹を膨らませる。

楊慧　私はしたことがないんですけど、まったく初めて坐禅をする方にそういう呼吸のことまで注意されるんですか。

河野　注意します。呼吸が一番大切ですから。ところが、腹式呼吸をできない人がいる。そういう場合は横に寝かせて、男性の場合なら、またいでお腹の上に乗っちゃうんです。そして「吸って、私を持ち上げろ」と言うんです。女性の場合なら、重たい物、花瓶でも何でもいいからお腹の上に載せて、それを吸って持ち上げさせています。

――龍門寺の大衆禅道場には、一般の方も坐禅に来られるんですか？

河野　ほとんど一般の方ばかりです。泊まりがけで来てもらっていいのです。専門道場のようなハードなものではないですから。いまの季節（二月）だったら朝四時半、夏は四時に起きて、お経を読んで、六時に朝食。朝食が済んで、七時から八時半まで八段錦、太極拳、坐禅。九時から掃除、作務《さむ》ですね。それから、夕食後の坐禅は自由。

そして寝る。食事の時には、「五観《ごかん》の偈《げ》」というお経を読んで、専門道場の作法に準じて毎日やっています。それだけのことですから、そんなにむずかしいことじゃないです。

楊慧　お食事を作るのは？

河野　本来は、当番でわれわれがやらにゃならんのですけど、それをやっていたらほかの仕事ができないから、いまは賄いさんを雇っています。祥福寺専門道場の時は、雲水が作っていましたが。

楊慧　師家が「おいしかった」と。

河野　食事はみんな雲水がやりましたが、それでもお客さんが来た時には、普段の食事とは違いますよ。ご馳走じゃないけれども、ちゃんとした本膳をお出しするんです、精進料理を。これは、その時の当番によって上手下手がありましてね。下手なのにかかったら、美味しくはないですよ。だから、名時先生がおいでになる時は気を使いまして、指導しながらやっていました（笑）。

坐禅も太極拳も気持ちよく

——ところで、太通老師のように禅と太極拳を一つにしてやっていらっしゃるお坊様は、そんなにいらっしゃるわけではないのでは？

河野 坊さんでやっている人は、あまりいないと思いますよ。とくに師範の方は。だから今度、妙心寺でもやろうと思っていますが。

楊慧 それはすごいことですね。

河野 祥福寺にいる時に、もっともっとみんなに教えればよかったんですけど、伝統的な時間に制約されて、なかなか太極拳の時間が持てなくて。

楊慧 この間、私たちの仲間で鎌倉のお寺に行って、太極拳をやりまして、大好評でしたね。

——鎌倉といえば、楊名時太極拳のお仲間の中で、建長寺で坐禅会をやっている方々もいるようですね？ それを体験された方から、「坐禅をたっぷりしたあと、立禅をいざ始めると、呼吸の気持ちよさが違う」と聞いたことがあります。その方は、立禅も気持ちよくなるためにやるんだ、とおっしゃいます。慧先生もそうですよね？　基本的には、気持ちよくならなければ、と？

楊慧　楽しい気持ちにならないとね。苦しい修行をしようとは思わないですよね。

河野　そうなんですよ。坐禅は苦しいものなんて思わせちゃいけない。いまの人ですと、だいたい二十分ですね、じっとしていられるのは。普通われわれは三十分、「一炷《しゅ》」（およそ線香一本が焚き終わるまでの時間）というんですが、この三十分をひと区切りでやるんですよ。三十分やると、いまの方は苦しくなっちゃう。だから、「もう終わったか、もうちょっとしたいな」というのは二十分ですね。二十分やって、ちょっと一、二分休憩を入れる。その間にトイレに行きたい人は行き、足を崩したい人はほぐして。で、また始める。

中国・五台山中台頂で演舞する楊慧師範（2010年）

そういうやり方をしないと、もう二度と坐禅をしたくない、という気持ちになってしまう。そういう思いをさせちゃいけない。その点、現代人には立禅はいいですね。

楊名時師家を病院に見舞って

――楊名時師家との思い出の中で、太極拳を離れたごく日常的なエピソードがありましたら、お話しいただけませんか？　師家は大変な美食家だったとのことでしたね？

河野　そうですね。神戸にいる時、先生がお元気だったから、あちこち京都の料理屋さんに連れて行っていただき、一緒に食べましたよ。お母さんもご一緒だったから、七月には大抵ね。京都の「はり清」ですとか。

楊慧　特に好きでしたね。

――なかでも大好物だったというものは？

楊慧　何でしょう。美味しいものを食べに行くなら、どこまでも（笑）。

河野　私はいつもこの話をするんですけど、名時先生が帯津良一先生の三敬病院に入院されたでしょう。この時お見舞いに行ってびっくりしたことがあるんです。だいぶお悪いように聞いていたものですから、先生はベッドに横たわっておられるものだとばかり思って、恐る恐る病室に入ったんですよ。そしたら、なんと先生は立ってネクタイを結んでいた。背広を着て。驚いて「どこへお出でになるんですか。お休みになっていなくていいんですか」と言ったら、「これから鰻を食べに行きましょう」と（笑）。

「いいんですか」と言ったら、「いいんです」。そこに帯津先生が回診に入って来られたので、先生にも「これから川越に行きましょう」と誘っている。

楊名時師家と河野太通老師（1991年、京都・四条河原にて）

そうしたら帯津先生は「私は回診があるから、看護婦長を行かせます」。私はまたびっくりしてしまいました。院長先生が「それはいけません」とも言わず、「私は忙しくて行けないから、看護婦長をやる」と言っている。これはどうなっているんだと思いましたね。それで、看護婦長と名時先生の付き添いの人と、四人で行ったんです、川越の鰻屋さんに。

楊慧　——それは、いつ頃のお話ですか?

河野　最後ですよね、二〇〇五年です。亡くなる年です。

楊慧　それで、先生は私にサービスするつもりで、自分は食べられないのに無理して鰻屋に連れて行ってくださったんだと思いましてね。先生は何か軽いお粥でも召し上がるのかと思っていたんです。先生が「蒲焼きを食べますか」と言うので、遠慮して

楊名時師家と河野太通老師、
中国旅行の列車内にて一服（1980 年）

「丼でいいです」と答えたら、「蒲焼きがいいでしょう」と……。そして「お酒はどうですか」とおっしゃるので、「いただきますけど、先生の前で悪いですね」と言ったら、「いえ、私もやります」。えっと思いました。結局、蒲焼きにお酒、と召し上がって。途中で先生がトイレに行かれた時に、婦長さんに「いいんですか」と聞いたら、「先生はお客さんがいらっしゃると、いつもこうですよ」と言う。「大丈夫なんですか」と心配したら、「こうしてご馳走を食べられた時は、二、三日は下痢です」と平然と言われましてね。

楊慧　でも、食べたいんですよね。だから、誰か来てくれるのが楽しみで。

河野　帯津先生の本を読むと、院長も時々一緒に行かれていたようですね。

楊慧　先生も、楽しみにされていました。

河野　そういうように、とにかく安らかに食べたいものを食べて。食べたい物を我慢して過酷な養生をしながら命を終えるよりも、好きなことを好きなようにして、食べたい物を食べて飲みたいものを飲んで。下痢したらあとから下痢を治すような努力をすればいいんだからという、よく知りませんが、帯津先生独自の医療思想によるものなのでしょう。あれは驚いたな。

楊慧　食べることは、絶対に我慢をしない。でも、最後のほうは和食が好きでしたね。

和食を好むようになりました。

河野　二遍目にうかがった時は、さすがに先生はお食べになれなかった。それでも私がお見舞いに行くと言ったら、鰻丼を取ってくださっていて。先生も食べられるのかなと思ったら、自分はいいから食べなさい、と。その時は、さすがにお食べになれなかった。

楊慧　それは、かなり間際ですね。亡くなる時は、入院してから二か月くらいで亡くなってしまったので、本当にあっという間。箱根に行きましたからね、あの年。自分の中では総会も出るつもりでいたのです、六月に。でも、それはさすがに、みんなが心配するといけないから、と。だから、本当に急だったんですよね。

美味しい物もいっぱい食べたし、お酒も、もう何でも飲むんですよね。日本酒を飲んでいるのに、誰かが焼酎を飲んでいると、焼酎も飲みます。誰かがウイスキーを飲むと、ウイスキーも飲みます。もう全部並べてね。

河野　食べることから、「同心協力」だったですね（笑）。

慧先生と師家の最後のデート

楊慧　その二度目の入院の直前に、私にとって忘れられない思い出があるんですよ。箱根の研修会のあと、五月の半ばに検査入院が決まっていたので、入院する二日ぐらい前に、父が「慧ちゃん、ちょっと銀座に行こう」と。その時はもちろん、最後とは思っていませんでしたけど、銀座に行こうと誘われて。まず東中野の「ホシノ」という父がいつもお洋服を作っているテーラーで、六月二十五日の総会に出るための服を作りに行ったんです。それから、銀座に行って。ズボンとシャツは銀座の和光と決めていたんですよ。だからそれを作り、それから銀座に行くと必ず寄っていた三笠会館の「榛名」というフランス料理店に行って。そこで一緒にゆっくり食事をして。私にもいろいろな物を買ってくれました。「ホシノさんのところで作った服で、総会に行くから」と言っていたんです。「じゃあ、（病院から）帰ってくるのを楽しみにしていますね」と私も応えて。

父と銀座に行ったのは十七日くらいだから、二十日頃に帯津先生の病院に入ったんでしょうかね。結局、それでそのまま……。途中一度、家に帰りたいと連絡が来たんですけど。とても総会に出られるような元気ではなかったので、新調したその服は着られずじまいでした。

いまも信じられないんですよね……。

入院から最期まで手厚く看護してくださった帯津先生はじめ病院関係者の皆さま、見舞ってくださった皆さまの心遣いには感謝の言葉もありません。この場をお借りして心よりお礼申し上げます。

志を継いで

楊　慧

父の背中

七月三日、十二時二十二分。父とのお別れの時でした。あれから一か月以上過ぎたのにまだその事実をしっかり胸に受けとめることができずにいるのは私だけなのでしょうか。

思いがけず、十二年前に亡くなった母の、十三回忌法要と父の四十九日、納骨を、八月十八日に一緒に行なうことになったことは、母が迎えにきたのだと納得するほかありません。

「本日は晴天なり」そう言って、毎朝庭で太極拳の稽古をする父の姿を、幼い頃から見てきました。でも、父は私に太極拳をやりなさいと言ったことは一度もありませんでした。

私にも教えて、と頼んだのは高校生の頃で、「それなら毎朝後ろで真似をしてごらん」と言われて始めたのが私の太極拳入門でした。

父の背中を見て真似る。一生懸命に真似をしても、動きは複雑で、初めの頃はなかなか同じようにはできません。動作や意味を尋ねると、「ただ真似るだけでいい」父はそう言うだけでした。

このままではいつまでたっても覚えられないと不安に感じた私は、こっそり教室に通い始めました。お蔭で、基本的な型や流れを身につけることができ、父との稽古にも余裕をもってついていけるようになりました。

それから三十年が過ぎ、父がよく言っていた「目に見えるものだけを追ってはいけない。心に感じるものこそ大切なんだよ」という言葉の意味が、ようやく理解できるようになった気がします。

父の背中を見て真似ることから始まった私の太極拳の世界でした。もう父の

背中を見ることはできないけれど、父の存在を、その教えを心に感じながら、
これからも歩んで行こうと改めて思っています。

合掌。

――『太極』一五四号（二〇〇五・九・二五）

不怕慢、只怕站

　早いもので、楊名時師家が他界してもう半年以上が過ぎました。思い起こせば、同じ屋根の下で暮らした五十年の間に、父として、また太極拳の師として、たくさんのことを私に残してくれました。その一つが、人とのご縁について、「どんな人と出会い、どうつきあっていくかは、あなたの人生を変えるくらい大切なことなのですよ」という教えです。

　私は今まで太極拳を続けてきたおかげで、ほんとうに良いご縁をいただいてきたと思っています。ですから、毎年地方支部などで大勢の方とお目にかかる時、いつもこうお話ししています。「私が太極拳をやっていて良かったと思うことの一つは、多くの方とお会いできるということです。これは私の喜びであり、ご縁があって、太極拳を通じて一緒に歩んでいけることは素晴らしいことです」と。

太極拳を続けている方の中には、もちろん健康に自信のある方も、病中病後のリハビリのためという方もいらっしゃるだろうし、年代もさまざまです。今回、『太極』に連載という、私には少し荷の重いお役目をいただきましたが、こうした方々との出会いやご縁、師家の教えや意外な素顔などを織り交ぜながら、私が日頃考えたり、感じたりしたことを書かせていただこうと思います。

さて、最初のご縁として、愛知県支部のK師範との出会いをご紹介します。二〇〇六年一月十五日に支部の指導者研修会にお招きいただいた折、会に先立って米寿の方々が支部表彰を受けられるのを拝見いたしました。その中にKさんのお姿を発見した時、「えっ、もう八十八歳になられたんだ」という驚きと、「まだまだお元気で頑張っていらっしゃるなあ」という喜びとともに、二十年ほど前にお会いした時のことを思い出していました。

それは、名古屋支部（愛知県支部の前身）におじゃました時のことです。その夜の懇親会で、Ｋさんが美空ひばりの「悲しい酒」を情感豊かに歌われたことが強く印象に残っていて、いまだに忘れられません。その後、Ｋさんは病気で視力を失われたということですが、いまも多くのお弟子さんを育てながら太極拳を続けていらっしゃるのです。

師家がよく言う中国の言葉に「不怕慢、只怕站」（ゆっくりすることはかまわないが、立ち止まってはいけない）というのがあります。日本風に言うなら「継続は力なり」でしょうか。まさにＫさんの生き方がこれを証明していると思いました。もちろん、病気に負けまいとするご本人の努力や強い意志の力が大きいとは思いますが、彼女を暖かく支えられたご家族や周囲のお仲間がいらしたからこそ続けてこられたのだと思います。

楊名時太極拳が目指す「健康・友好・平和」は、高いところから立派に語られる単なる標語ではありません。いまこの時、私たちのとなりにいる仲間を大切に慈しみ、心と力を合わせて太極拳を楽しむ。一見、平凡で当たり前のことですが、これこそ師家が私たちに教え、残してくれた一番大切なものだと思っています。それをKさんと支部のお仲間に見たことで、ますます師家が歩んできた道筋の確かさを感じることができました。このような素晴らしいご縁を、これからもずっと大切にしていきたいと思っております。

謝謝。そして再見。

——「師家の志を継いで・第一回」『太極』一五七号（二〇〇六・三・二五）

楊名時師家書「不怕慢　只怕站」

一以貫之——変わらずに大切にしたいもの

二〇〇五年十月、皆様の同心協力によって東京・神田に建てられた本部道場会館（楊名時太極拳記念会館）も、いよいよ本格的に動き出しました。一階の展示室や四階の談話ロビーには、師立志先生の書や陶瓶、父の好きだった関羽様の像などが運び込まれ、趣あるものになりました。二階の大稽古場にも師家の写真が飾られ、いつも私たちを見守っています。会館にお寄りの際はぜひご覧ください。また二月からは、「本部道場講座」も本格的に始まりました。今回は、その一つであるF師範担当の講座に入会された方のお話です。

今から三十三年前、その方がまだ十九歳の頃、日本武道館で楊名時師家から直接太極拳を習われたことがあるそうです。一年ほどで太極拳から離れ、その後は柔道や空手を続けていたが、体を壊したこともあり、何か適当な運動はないものかとインターネットで調べていたところ、協会のホームページを見つけたとのことでした。そこで本部道場竣工を知り当時を懐かしく思い出し、再び太極拳を始めたいと入会されたそうです。

その方は初稽古の後、「この教室に参加してほんとうによかった。稽古の手順もゆったりとした流れも武道館時代とまったく変わらず、当時と同じ空気、志を感じた。楊名時先生は残念ながらいらっしゃらないが、とてもほっとした し、うれしかった」とF師範におっしゃったそうです。いまでこそ太極拳は健康法として広く認知されていますが、当時はまだ武術としての面が重視されていました。そうした風潮の中で師家は、一貫して太極拳をすぐれた健康法として指導されてきました。

私たちの協会は、楊名時八段錦・太極拳友好会を母体としており、教室は一九六七年の武道館教室から始まりました。その四十年前と変わらない「同じ空気」と「同じ志」。立禅から始まって甩手、八段錦、そして太極拳を演舞する。このスタイルを半世紀近くも保ってきたということはすごいことであると同時に、極めて優れた体系であるからこそ残ってきたといえるでしょう。

相模原武道学園・学園長だった故吉川嘉之先生もおっしゃっています。「……何よりも驚くことは当時と今と少しも指導理念が変わっていない、という事です。あの頃（日中友好条約締結の前）太極拳は武術だといってあとへひかない風潮がありましたが、そのなかにあっても楊先生は今と変わらず、『太極拳は健康法だヨ』と平気で主張してきました。……稽古の初めや終わりの深々とした礼は

日本武道館教室での稽古風景（1971 年）

素晴らしいな、とよく思うし、つくづく日本人の機微をしっかり捕らえているなと感心することです。」（『道はるか——楊名時太極拳に学ぶ吉川嘉之師範と仲間たち』序文より、一九九五年刊行）

太極拳の捉え方はさまざまですが、楊名時太極拳では、柔軟な心と身体をつくる健康法として捉えています。健康あっての人生なのだから、健康を主体とした太極の道を皆さんと一緒に歩んでいきたいというのが、父、楊名時の願いでした。人と競い合って優劣を決めるのではなく、一人ひとりが自分の内で、自分の体で、心息動のバランスをとっていく。そして、みんなが幸せな気持ちになり、和をつくること。そのためにも健康であることが大前提になるということですね。

また、師家は「一以貫之」——孔子様の道は忠恕《ちゅうじょ》あるのみで、それに貫かれている。忠恕は和に通じる。楊名時太極拳を貫くものは、和の心であるとよく話していました。これからも大切にしていきたい言葉です。よい方向にならば時代や環境による変化も大いに歓迎すべきだと思います。姿勢正しくまっすぐに立ち、より健康に動くために、武術的な解釈や基本を学ぶことも大切です。しかし、楊名時太極拳の根底に流れるものは、変えることなく大事にしていかなければなりません。こうした師家の思いを、記念会館を拠点として、皆さんと一緒に子や孫、後々の人たちに伝えていきたいと願っています。

今回ご紹介させていただいた方は、変わらなくてよかったと言いながらも、「一つだけ変わったことがある」とおっしゃいました。「武道館当時は畳敷きだったが、本部道場は板敷きなので足が運びやすい、床に吸いつくようで素晴らしい」と。二回目からは奥様と一緒に参加されているとのことです。楊名時太極拳の輪―和が、また広がります。

謝謝。そして再見。

――「師家の志を継いで・第二回」『太極』一五八号（二〇〇六・五・二五）

父を送って——中国太原の旅

二〇〇六年六月二十七日、父・楊名時の一周忌法要を鎌倉の東慶寺で無事執り行ないました。身内の法事として、ごく一部の役員の方にもご出席いただきましたが、そのほかにも、命日を挟んでたいへん多くの方が墓前で手を合わせてくださり、各地の教室でも師家の冥福を祈り黙祷を捧げてくださったと伺いました。また、ありし日の師家を偲んでくださった方もたくさんいらっしゃったことと思います。賑やかなことが好きで、寂しがりやでもあった父にとっては何よりのことでした。ほんとうにありがとうございました。この場をお借りして改めて御礼申し上げます。

さて、法要から二日後には成田空港から八十二名の会員の方々と一緒に中国に向け出発しました。これは、太原で行なわれる海外交流会が主な目的でしたが、父を、生まれ故郷の五台山に送る旅でもありました。

私たち東京組一行は現地時間の午後一時半頃、北京空港に到着しました。関西組はすでに前の便で出発した後で、私たちは五時十分発の太原行きに乗り継ぎ、七時頃には目的地のホテルで関西組と合流して夕食会という予定でした。それまで空港内で皆思い思いに売店をのぞいたり、お茶などしながら楽しんでいたところ、その便が一時間遅れになるとの知らせがありました。

そうこうしているうちに、にわかに雲行きが怪しくなり、空も割れんばかりの雷鳴が轟いてきたのです。すべての便が運行停止となり、結局、私たちの搭乗手続が始まったのは北京到着から九時間後の午後十一時少し前でした。私には、「これだから飛行機は嫌なんだよ」という父のつぶやきが聞こえるようでした。

旅行初日からとんだハプニングに見舞われたわけですが、会員の方々はどなたも内心の不安や不満を表に見せることはありませんでした。なかには、時間つぶしにビールを飲みだすツワモノもいて、しまいには空港中の飲み物も食べ物もすべて売り切れになるという有様でした。

そんなこんなで、私たちがホテルに到着したのは午前一時過ぎ、照明もすでに落ちていました。ところが、その暗がりの中から「こんばんは。お疲れさまでした！」という広島県支部長の明るい声がしました。なんと、今回中国でお世話になった馬先生をはじめ、何人かの関西組の方々が私たちを出迎えてくれたのです。私たちも疲れを忘れ、思わずニコニコしていました。

その時、ふと思い出したのは二年前の出来事でした。調布太極拳同好会の二十周年記念大会に、師家と一緒に招かれた時のことです。家から手配したタクシーで会場に向かったのですが、運転手の地理不案内のせいで予定の時間を過ぎても一向に着けません。私も運転手もあせりました。しかし師家は、「あわてなくてもいいですよ」と悠然としているのです。なんとか会場の調布市総合体育館にたどり着いた時には、すでに開会予定時刻を一時間以上も過ぎていましたが、調布太極拳同好会を指導される中野完二師範をはじめ何人かの方がにこやかに出迎えてくれたのです。師家と中野師範は、まるで何事もなかったように挨拶とねぎらいの言葉を交わしました。

そして師家が会場に入ると、会員の皆様の暖かい拍手と笑顔が待っていました。

自分の力ではどうしようもない状況に巻き込まれた時、待つ側も待たせる側も相手の気持ちを思いやって、不安やいらだち、あせりといったマイナスの感情に支配されがちです。しかし、迎えてくれる仲間の暖かい笑顔と、迎えられた仲間の喜びの笑顔が、一瞬にしてそうした感情を氷解してくれます。心の通じ合える仲間同士が無言のうちに分かり合える素晴らしさ、そして、太極拳特有のゆったりとした時間の流れの中で培われた「同心協力」の精神が、しっかりと根づいていることをつくづく感じました。

そんな始まりでしたが、太原の崇善寺において師家の法要も立派に執り行なわれ、また太原毛明春三圓内家拳研究会との交流会も盛会のうちに終えることができました。そして、父の遺骨は故郷の五台山に無事納められました。皆様のご尽力のお陰と深く感謝しております。ありがとうございました。

ところで、今頃父は、「これでもう飛行機に乗らなくていいね」と胸をなでおろしているのでしょうか。

――「師家の志を継いで・第四回」
『太極』一六〇号(二〇〇六・九・二五)

太原・崇善寺での楊名時師家一周忌法要(2006年)

心も体もまあ～るく、柔らか～く

二〇〇六年四月から本部道場で始まった私の特別研修講座の第一期が九月二十五日に終わりました。受講生は各地で指導者として活躍されている師範・準師範の皆さんです。いずれも十年、二十年と稽古に励まれ、師家から直接習われたこともある方々の前に立つと、いつも心地よい緊張感を覚え、自分自身の太極拳もさらに上達したような気がします。続いて第二期が始まりました。

よく師家は、立禅や甩手を行ないながら「心も体もまあ～るく、柔らかあ～く」と、ゆったりとした独特の口調で指導していました。きっと皆さんのご記憶にもあるのではないでしょうか。極を作らず円を描くように、ゆっくりと淀むことなく流れるようにという太極拳の真髄を、こんなやさしい言葉で表わしていたのだと思います。私も自分の講座や教室の時に、この言葉を思い浮かべながら指導しています。

師家はまた、「流水不争先」とか「流水不腐」という言葉を好んで使っておりました。流れる水は、われ先を争うのではなく、ともに一つの大きな流れを形作っていく。流れる水は、活力にあふれ、いつまでも腐ることがない。

私自身、若い頃はその意味を深く理解できませんでしたが、師家が太極拳を通じて何を目指そうとしていたのか、歳を重ねたこの頃

『英語版太極拳』表紙より

になりようやく分かってきました。師家が目指したのは、単なる武術としてではなく、あるいは単なる健康法としてではなく、すべての人がその人らしく仲間と幸せを分かち合いながら生きるための術《すべ》としての太極拳。それはまた、師家の人生哲学そのものでもありました。

私たちの太極拳では、初伝から師範まで六段階の階位があります。それぞれの階位ごとに一定の年数を経てから審査を受けられることになっており、師範は最低でも十年かかります。これは、太極拳の型や流れといった技術的なものに習熟するために必要な時間であるとともに、師家が目指した精神的なものを理解するために必要な時間でもあると考えています。他の武術や競技の段位のように技術の優劣を競った結果としての格づけではありません。皆さん一人ひとりが歩んできた太極拳の道しるべと考えればよいと思います。

私は、師家の精神的な面については日々の暮らしの中からも多くのものを受け継ぐことができたと感じております。そうした師家の信念や理想を私たちの太極拳に力強く根づかせ、次の世代へと引き継いで行くことが、私に与えられた大事な役割だと考えています。

ところで、父は友人や知己に恵まれた人であり、内外の著名な方々との親交もありました。強い信念を持ちながらも、飾らず、おごらず、やさしい性格がたくさんの人を惹きつけたのでしょうか。そうした方々との交流で贈られた数々の文物が遺品として残されました。

たとえば、稽古用のTシャツでおなじみの「流水不争先」の文字も師立志先生から贈られた書をプリントしたものです。また、数十年間にわたって父が収集してきた書や彫刻、絵画などの美術品も多数残されました。太極拳の武術的な面や医学的な面のみならず、哲学や芸術としての太極拳、総合的な文化としての太極拳でありたいと願っていた父の理念が、これらの貴重な芸術品を呼び寄せたものと思います。

これらは、私たち遺族が個人的に受け継ぐより皆さんと共有すべきものと思い、このたび本部の展示室用に寄贈いたしました。現在、展示室の整理作業が行なわれていますが、この号が出る頃には、これらの歴史的にも美術品としても価値の高い品々が展示されていることでしょう。本部にお立ち寄りの際にはぜひご覧いただき、父の太極拳に寄せた心を感じていただけたらと思います。

謝謝。

――「師家の志を継いで・第五回」『太極』一六一号（二〇〇六・一一・二五）

好之者不如楽之者

二〇〇六年十月末、三重県支部の合宿研修会に向かう朝、思いがけないリンゴの便りが届きました。

話はその数か月前の六月末にさかのぼります。この時期は、師家の法要や中国での友好交流会など大きな行事が重なって目が回るほど忙しかったのですが、秋田県支部のお招きで総会・特別講習会に参加いたしました。ご当地の豊かな自然の中で同好の皆さんとゆったりしたひとときを過ごし、ほっと一息ついたことを憶えています。秋田県支部はまだ二年目の若い支部ですが、近隣県からの参加者も含め、二百名近い方が集まる賑わいぶりでした。その中にリンゴ農家の方がいて、「先生が忘れた頃にリンゴが届きますよ。お楽しみに」と懇親会の席で約束されたことを思い出しました。
リンゴと一緒に届いたお便りには、冬は豪雪のために枝が折れたり、春にやっと出た芽をカモシカや野兎にかじられたり、秋には収穫直前の実を熊にごっそり食べられたりと、収穫までの折々の話が写真とともに紹介されていました。いつもは何気なく食べているリンゴですが、作る方は大変なご苦労をされていることが分かりました。でもその行間からは、リンゴの木をまるで自分の同志のようにいたわり、一緒においしい実を育てようという思いがにじみ出してきます。苦労の中に楽しみがあるといった感じです。また、この方は仕事の合間の趣味やボランティア活動もいろいろされていて、週一回の太極拳教室も楽しみの一つとのことでした。

「楽しみ」と言えば、今年の秋祭りに近所の神社でひいたおみくじに、「之《これ》を知る者は之を好む者に如《し》かず　之を好む者は之を楽しむ者に如かず」という『論語』の言葉が出ていてびっくりしました。それは、皆さんもご存知のよう

郵便はがき

料金受取人払郵便

本郷支店承認

2522

差出有効期間
平成24年1月
31日まで

113-8790

348

(受取人)
東京都文京区本駒込6-2-1

株式会社 二玄社
営業部 行

お名前	フリガナ	男・女	年齢
ご住所	〒□□□-□□□□ e-mail 都道 府県		
電話	- - FAX - -		

※お客様の個人情報は、小社での商品企画の参考、あるいはお客様への商品情報のご案内以外の目的には使用いたしません。
今後、上記のご案内が不要の場合は、□の中に✓をご記入ください。 □

二玄社読者カード

購読ありがとうございました。今後の出版物のご案内、あるいは出版企画の参
にしたいと存じます。ご記入のうえご投函いただきますよう、お願い致します。

ご購入書籍名

●本書の刊行を何によってお知りになりましたか

. 新聞広告（紙名　　　　　　　　）　2. 雑誌広告（誌名　　　　　　　　）

. 書評、新刊紹介（掲載紙誌名　　　　　　　　）

. 店頭　　5. 図書館　　6. 先生や知人の推薦　　7. 出版ダイジェスト

. 図書目録　　9. その他（　　　　　　　　）

●本書の内容／装丁／価格などについてご感想をお聞かせください

●ご希望の著者／企画／テーマなどをお聞かせください

●本書をお求めになられた書店名

職業		購読新聞		購読雑誌	

に師家がよく引用していた言葉であり、私もまたいつも心に刻み、各支部や教室でお話をするたびに皆さんに伝えてきたものだからです。

師家はこう言っています。

「その知識がいかにあっても、好む人には及びません。非常に太極拳が好きでも、太極拳を楽しんでいる人に比べればやはり及ばないことです。楽しむことは飽きがきません。楽しむことは、そのことをより深く学ぼうとする心を生

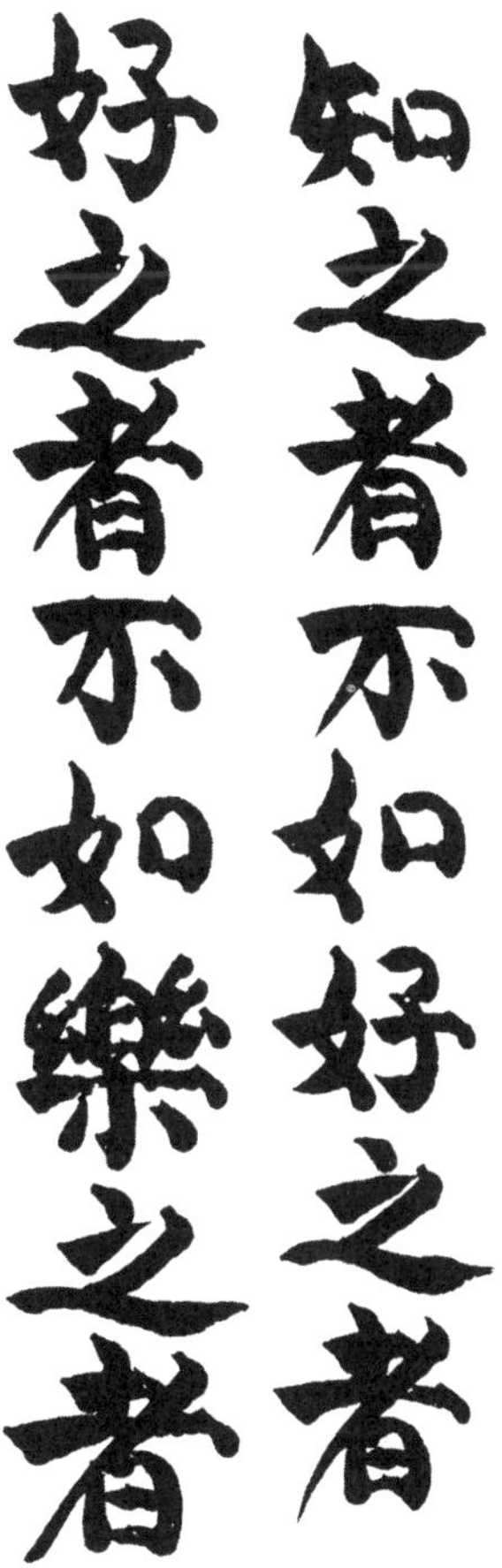

楊名時師家書
「知之者不如好之者
好之者不如樂之者」

みます。上手か下手かを誰かと比べることもいりません。楽しんで太極拳をやっていると心が落ち着きます。体も柔らかく軽くなり、稽古の後の気持ちは言葉で表せないほど清々しく、心身ともに楽しくなります。楽しむ者が一番長く続きます。そして深く味わうことができるのです。」

いまでは私たちの協会も、全国三十二都道府県に支部を構えるまでになりました（二〇〇六年十二月現在）。その中には、同好会時代も含めると三十年以上の歴史を誇る支部も多くあります。

また、今年訪問した秋田、岩手、新潟、石川などのように東北や北陸には新しい支部が多いのですが、こうして師家亡き後もますます隆盛となっていくのは、やはりその志が多くの方に受け入れられている結果だと思います。

師家が四十数年前に志を立て、揺るがない信念で続けてきた太極拳の世界がこうして全国各地で花開き、いまも新しい支部が誕生しているのは、何にもまして楽しむ心を大切にしてきたからだと考えています。もちろんそこには、師家の教えに共鳴した方々の大きな力がありました。各地の支部の役員として、また師範として、それぞれの地域に楊名時太極拳の種を蒔き、営々と育ててこられた方々の努力の成果です。そして、その成長の養分となったのが会員の皆さん一人ひとりの太極拳を楽しむ心ではなかったでしょうか。

私も各地を回りながら多くの同好の方々とお会いし、旧交を温め、新しいご縁をいただくことが楽しみの一つで、しみじみと太極拳を続けてきて良かったと思えるのです。

――「師家の志を継いで・第六回」『太極』一六二号（二〇〇七・一・二五）

無心

去る七月三日は楊名時師家の三回忌でした。

理事長を団長として私どもの家族や同学の方々が訪中団を組み、師家の故郷である古城村を再び訪れ、立派な法要を執り行ないました。それに先立つ六月十九日には、菩提寺である東慶寺で身内の法要を行ないました。

北鎌倉の深い緑に包まれて父と母の墓前にお参りすると、いつも心の安らぎを覚えます。このお墓は、十六、七年も昔に父自身が建てたものです。こだわりの強い父らしく、わざわざ四国から庵治《あじ》石を取り寄せ、墓石としては珍しい丸い形に仕立てました。お参りのたびに「心も体もまあ〜るく」という父の声が聞こえてくるようです。

墓碑銘には柔らかく流麗な筆致で「無心」と刻まれています。この書は、六月の総会で講演された東慶寺住職・井上正道老師のご尊父で先代住職であられた井上禅定老師（平成十八年没）に揮毫していただいたものです。その時、母とともに、「天授院太極無心居士」「正受院大空無逸大姉」と一字ずつ対になった戒名もいただいたのでした。

楊名時師家の墓石（鎌倉・東慶寺）

師家は、この「無心」という境地について、ちょうど二十年前の『太極』第四十六号の中で次のように書いています。

「『無心』という言葉が好きである。花は無心に咲く。一生懸命咲く。そして無心に散る。悲しまない。

井上禅定老師書「無心」

私も少し植物に近づいてきたかもしれない。あまり頭にわずらわしいことがあると、体が持たない。こだわらなく、好きな太極拳を信じて、万一の場合でも立ったままの姿でお別れをしたい、と思ったりする。

太極拳も心から動く、無心に動く。そうすると心の動きが、小宇宙である体に伝わる。自分の仲間の健康、幸せを願い、敵もなく、無の世界で体を動かす。心を通して体をなくしていきたいと願っている。」

師家は私たちに、日々起こるあらゆることをそのまま受け止めて淡々と流していきなさい、こだわりのない心——無心で太極拳を続けなさい、同時に仲間の健康と幸せを願う和の太極拳、心の太極拳を舞いなさい、そう教えてくれたのだと思います。私自身はまだまだ師家のような境地というわけにはいきませんが、師家が太極拳に込めた思いを大切にしながら、あせらず、おごらず、皆さんと一緒にこれからも学んでいきたいと考えています。

そんな父でもあった師家を亡くしてからの二年間は瞬く間に過ぎました。この間本部道場という楊名時太極拳の拠点ができ、新たに地方支部も続々と誕生しています。

父がよく話してくれた『論語』の中に、「父在《いま》せば其の志を観《み》、父没すれば其の行ないを観る。三年、父の道を改むる無きを、孝と謂《い》うべし」という言葉があります。私たちがこの「孝」の道を歩んで来られたのも皆さんの同心協力のたまものだと思っています。

この三回忌に際して多くの方々が墓前に花を供えてくださいました。ある方からは、「久しぶりに東京に来て鎌倉の東慶寺まで足を伸ばしましたが、いつ来ても師家の墓前にはお花がきれいに供えられ、多くの方がここで楊先生と対話しているのですね。自分も静かに先生とお話するような気持ちでお墓を訪ねました」というお手紙もいただきました。寂しがりやの父でしたから、皆さんのお心づかいをとても喜んでいることでしょう。

また中国での法要では、河野太通老師が父と母の戒名を織り交ぜたお経を上げてくださいました。感謝の念に堪えません。きっと父も喜んでいることと思います。

このたび遥か中国まで大変な道のりを師家の故郷まで訪れてくださった方々、日本で師家の墓前に手を合わせてくださった方々、そして心の中で師家を偲んでくださった方々に、紙面を通じてではありますが、改めて心より感謝申し上げます。

謝謝。

――「師家の志を継いで・第十回」『太極』一六六号（二〇〇七・九・二五）

以和為貴

二〇〇七年八月も終わりの頃、太宰府天満宮から一通の封書が父宛てに届きました。太宰府天満宮宝物殿に納められている楊名時師家の書を、書画集『平成の餘香帖』第五巻に収録したというご案内でした。この全十二巻に及ぶ書画集は、二〇〇二年の菅原道真公御神忌千百年大祭の記念行事として編纂され、日本を代表する各界人士が献納した作品をまとめたものだそうです。百年前の千年大祭に際して編纂された『餘香帖』は、明治維新の元勲をはじめ、文人、画家など当時のそうそうたる大家が網羅され、まさに明治時代を象徴したものになったといいます。

師家が書を献納することになったのは、福岡県支部の設立記念大会（二〇〇二年九月二十二日）に際して、太宰府天満宮本殿広場で太極拳を奉納演舞することになったというご縁からでした。その年の一月に私も博多へ行く機会があったので、奉納演舞が行なわれる場所を見てみようと思い立ち、太宰府天満宮を訪れました。それから一か月ほど後の梅がほころび始めた頃、奉納演舞されるのならば師家の書も一緒に納めてほしいという案内状が天満宮から届きました。立派な箱に入った三枚の大判の色紙を受け取った時の驚きを、今も憶えています。

師家は色紙を前に「私の書が日本を代表する方々と並んで由緒ある天満宮の宝物殿に納められてもよいものか」と少し臆したようでしたが、私は「これまでの活動が認められた証でもあるし、よい記念にもなるから」と献納を勧めました。師家に頼まれて、書にする言葉を選び、墨を摺り、書き終えるまで側で見ていました。悩んだ末に師家が選んだ言葉は「以和為貴　同心協力」と「自他共栄　同心協力」でした。初めの一枚を献納し、もう一枚は手元に残しましたが、現在は本部道場会館展示室に陳列されています。献納した書を持つ師家を私が撮影した記念写真も一緒に展示されています。会館にお越しの際には、ぜひご覧ください。

献納した書の「以和為貴（和を以って貴しと為す）」は、聖徳太子が定めた十七か条の憲法の第一条として有名な言葉です。この条令は、和の精神をもととして、儒教・仏教の思想を調和し、君臣の道、諸人の則るべき道徳を示したものと言われています。国を治める根本の規範としたものが「以和為貴」で、皆さんもご存知のとおり、師家が機会あるごとに好んで引用し、また自らの信条、座右の銘としていた言葉でもあります。

楊名時師家書
「以和為貴」

「人の和はすべてを円満に運ぶもとだ。稽古の時、みんなの健康と幸せを真心込めて誠心誠意お祈りすれば、教室に目に見えない和の気が満ちてくる。その和の気がみんなの和の気と呼応し、気を守り、深める。だから、太極拳を修めるうえで和の気を大切にするように」と、師家は繰り返し話していました。また、『太極』（第一〇七号）の巻頭文の中で、「太極拳で一番強調したいのは、やはり心の和、和の心である。和の心こそ、私どもの財産である。では心の和とは何であろうか。私は、『健康・友好・平和』を願う心であると信じている」と述べています。

「健康・友好・平和」を願うことから生まれる心の和は、やはり健康であればこそのものです。健康な心には他人を思いやる余裕ができ、自然に人の輪を広げます。和は輪に通じ、太極拳の円運動につながります。太極拳・八段錦とともに楊名時太極拳の大切な基盤である百花拳を、みんなで輪をつくって演じる時、私は「和＝輪」であることを実感します。

こうして時を積み重ねた今日、師家亡き後も日本中に、さらに世界中に楊名時太極拳の「輪」は広がり続け、大きな流れとなっています。師家が先導してきたこの大きな流れは、ある時には険しい岩にさえぎられ激しい流れになり、またある時にはいくつかの支流に分かれることもあるかもしれません。しかし、最終的にゆったりとした大きな流れになればよい、そのように師家は思っていたのではないかと、私は受け止めています。私自身は、師家が志した太極拳の道をできるだけ忠実にたどり、自分の歩幅に合わせてゆっくりと歩んで行きたいと考えています。

師家はすでにこの世を去りましたが、その作品が時代の証となり永く残ることは、私ども家族はもとより、協会にとってもたいへん名誉なことと思います。師家に代わって太宰府天満宮の宮司様にお礼状を差し上げ、師家が二年前に他界しましたことをお知らせいたしました。

謝謝。

――「師家の志を継いで・第十一回」『太極』一六七号（二〇〇七・一一・二五）

父亡き後三年

早いもので、師家が他界して三年になります。

師家が太極拳に寄せた思いや志をどうしたら皆さんに伝えていけるのか、私なりに考え、悩んできた三年でもありました。私にできる役割は、楊名時太極拳が最も大事にしている精神面を伝えていくことだと思い、この連載をお引き受けすることにしましたが、それまで文章など書いたこともなく、初めは途方にくれるばかりでした。兎にも角にもこうして続けてこられたのは、周りの方々の暖かい眼差しのお陰だと感謝しております。

この三年間は以前にも増して地方支部に伺うことの多くなった時期でもあり、それぞれの発展の様子を知ると同時に、役員の方々のご苦労や支部運営のたいへんさを垣間見ることもできました。組織が大きくなるとそうした問題は避けられないことであり、協会本部も決して例外ではありません。
環境や時代が移り変わる中で、いま、師家の志をどのように継承し発展させていくのかが問われており、これまでの経験で言えば、「以和為貴」「同心協力」という精神面を大切にすることが求められているのではないでしょうか。同学の仲間が増えることはたいへん喜ばしいことです。しかし、単に組織の大きさを誇るのではなく、太極拳を通して一人ひとりの心の中に「健康・友好・平和」の精神が宿ることを師家は望んでいたと思います。

さまざまな集いや各支部にうかがうたびに、多くの方々から励ましの言葉をいただきました。私一人の力は些細なものですが、このように多くの方々に支えられることで、これまで楊名時太極拳の道を歩んで来られたと思っています。また、この連載でご紹介させていただいた方々の心の中にも、師家の志がしっかり根づいていることも分かりました。師家は、心を養い、それによって健康をも得るものとして太極拳を日本に根づかせたいと申しておりました。儒教、仏教、道教の精神を融合させたものとして、無言の太極拳指導が夢であるとも言っていました。

伝統とは、古いものに固執するのではなく、基本理念に新しいものを融合させるために変わりながら良い部分を守っていくことだと考えていますが、変えるべき部分と変えてはならない部分の区別はやさしくありません。

「健康・友好・平和」を旗印に、比べない、競わない、そして営々と同じ稽古を繰り返すのが楊名時太極拳です。型を覚えたからといって太極拳ができたということにはならない。階位ごとに習得する型が違っていたり、ステップアップとして多くの型を取り入れることをせずに、長い時間をかけて同じ型を稽古することによって得られるものを信じ、立禅・甩手に始まって、八段錦、太極拳を舞うという流れを私たちは守ってきました。変えてはならない部分だと思っています。

中国の著名な書家・篆刻家である帥立志先生から二十六年前にいただいた印の辺刻に「継承発揚太極拳藝楊慧女士記念」と彫られています。楊名時太極拳をしっかり継承して発展させるためにもっと頑張るようにという励ましの言葉と受け止めてきました。本部会館の展示室にも帥先生の素晴らしい作品が展示されていますが、本欄を書き始めた頃にも「風雨同舟」という大きな書を贈っていただきました。「どのような逆境にも、同じ『舟』に乗った

帥立志書刻
「継承発揚太極拳藝楊慧女士記念」の辺刻

者同士、互いに助け合いながら行ってほしい」ということでしょうか。これからも、皆さんと一緒に師家の志した道を歩んでいきたいと思います。

――「師家の志を継いで・第十五回」『太極』一七一号（二〇〇八・七・二五）

「和」の力

関西ブロック恒例の春の集いにお招きを受け大阪に行ってきました。今回は楊名時太極拳五十周年を祝う大会も兼ねて、大阪国際会議場に約六百名の仲間が集まり、盛大に開かれました。会場は大層立派なもので、ドーム型の天井に描かれた祭りの画には思わず見惚れてしまいました。

冒頭に行なわれた奈良大学の浅田隆先生による特別文化講演「大和し　うるはし」は、格調高く、しかも分かりやすいものでした。国の「まほろば」と呼ばれる奈良は、さまざまな文化遺産をそのまま伝えており、初めて訪れた人にも故郷のような懐かしさを感じさせる場所であるというお話が特に印象的でした。ちょうどその日の新幹線で、『和の思想』（長谷川櫂著・中公新書）という本を読んでいたこともあって、悠久の歴史と日本の文化に思いを馳せました。

その本によれば、「和」という言葉は「和服」や「和食」のように「日本のもの」という意味に理解されがちだけれど、本来は日本の生活と文化の根底にある「さまざまな異質なものを和やかに調和させる力」のことだといいます。中国渡来の漢字からかな文字を生み出し、両方を日本語として調和させてきたように、楊名時太極拳が日本の太極拳として定着し、半世紀もの間日本で愛されてきたことも、また「和」の力のお陰だと思います。

『芸術新潮』一月号の特集「わたしが選ぶ日本遺産　21世紀から次なる時代へ、わたしたち日本人がほんとうに伝えたいものとは?」の中で、選者の一人、絵本作家・ミュージシャンの長谷川集平氏（長谷川くみ子長崎県支部長のご主人）が、楊名時太極拳を日本遺産として推薦しています。師家が生きていれば、まさに我が意を得たりと喜んだことでしょう。

かなり前のことですが、父が家を建てる時に、私の提案でフローリングの洋間にあえて障子戸を入れました。不思議なことに和洋折衷のその部屋はとても居心地がよく、父や家族や友人が多くの時間を過ごす場所となりました。居心地のよい空間は調和がとれていて、心と体の安定と健康をもたらしてくれます。父は暮らしの中でもこの「和」の心を大切にしていました。

河野太通老師書「以和為貴」
（第２回対談時に揮毫）

楊名時太極拳の「太極拳五則」の一つに「和而栄」があります。和して栄える。お互いが譲り合い、認め合ってこそ栄えることができるということです。師家とともに海を渡って日本にやってきた太極拳が日本の風土に根づくことができたのは、師家のこうした信念が日本の「和」の力によって見事に溶け込んだからだと思います。私自身も父と母の「和」によって生を受けた存在ですが、その「和」の力で生き続ける師家の思いを、これからも変わらずに受け継いでいきたいと考えています。

——「師家の志を継いで　私の太極拳日誌・第二十六回」『太極』一八二号（二〇一〇・五・二五）

師家のルーツを訪ねて

今年の二月と三月の二回にわたり、河野太通老大師との対談という素晴らしい機会に恵まれました。今年が楊名時太極拳五十周年に当たることから、師家の歩んだ太極の道を振り返り、今後の道標となるような本を出してはどうかという出版社からのお誘いがきっかけでした。しかし私一人の力ではとても無理と思い、師家と親交の深かった太通老大師との対談形式ならばとお願いしたところ、快くお引き受けいただいたのでした。折しも宗派の管長になられる準備で大変お忙しい中、ゆっくりとお話する機会をいただけたことは、私自身にとっても貴重な時間となりました。

対談では、師家が貫いた平和への強い思い、太極拳を通じて人との絆を大切にしてきた生き様、人の心を惹きつけて止まないひととなりが浮き彫りにされたと思います。また、仏教界の重鎮であり人生の大先達でもいらっしゃる大老師の、思いのほか気さくな話し振りに引き込まれながら、楊名時太極拳と禅の世界の真髄、それらに共通する精神性についての慧眼と深い洞察に、改めて眼を開かされる思いがいたしました。

七月には、理事長や同行の皆さんと一緒に、師家のルーツである中国の五台山に行ってまいりました。一年早い七回忌を兼ねての訪問でした。一周忌の際には行けなかった師家の生家が取り壊されると聞き、一度はこの目で見ておきたいと思ったのです。五台山は世界遺産にもなり、以前に比べれば行きやすくなったそうですが、省都太原から激しい雨の中を何時間もバスに揺られる辛い長旅でした。中台頂に着くと、そこで法要を行ないました。法要が終わった時、それまで降っていた雨が嘘のように止んで空が晴れ上がり、境内前の広場で太極拳を舞うことができました。どなたかが言った「きっと楊先生が喜んでいるのだね」という言葉が忘れられません。

私は、今にも朽ち果てそうな生家の前に佇み、師家の人生に思いを馳せました。山西省議員でもあった専売公社長官の一人息子として、厳しい教育を受けながらも大切に育てられた少年時代。その後太原に移り住み、戦争の暗雲が立ち込める中で日本への留学にあこがれた学生時代。念願かなって来日したものの、時代の激流に翻弄され続けた留学生時代。そのまま故郷に帰ることもできず人生のほとんどを日本で暮らしながら、太極拳を通じて多くの人々とのご縁を結び、敬愛された師家。亡くなってもなお、これほどまでに人の心を捉えて離さない師家。そんな起伏に富んだ生涯をおくった師家のルーツ（それは楊名時太極拳のルーツであり、私自身のルーツでもある）が、この辺鄙な片田舎であると思うと感慨ひとしおです。

家族に会いたくても会えず、連絡すら取れない。そんな辛い経験から平和の尊さや人と争うことの無意味さ、人と仲良くすることこそが幸せなのだという、師家の心の奥底から湧き出た思いに素直に共感できた旅でもありました。

話は戻りますが、対談終了後、太通老大師から「慧然独脱」と揮毫した色紙をいただきました。その意味をお尋ねすると、「あなたはあれこれ考えずに、ゆったりと自然に、『三昧』の境地で舞えばいい。これからも、自分の思うようにその世界に生きていくといいですよ」とお話されました。

私はこれまで、師家の歩んできた道を忠実にたどることがその志を継ぐことになるものと信じてまいりました。それが決して間違っていなかったと同時に、これからは私自身の信念として私なりに歩んでいけばいいのだと確信することができました。師家にはまだ遠く及びませんが、「三昧」の境地を目指して変わらぬ歩みを刻んでいきたいと考えています。

中国に向かう前に、国際松濤館空手道連盟館長の金澤弘和先生から二度ご連絡をいただき、久方ぶりにお目にかかりました。空手の普及のために、いまも世界中を駆け巡っていらっしゃいますが、太極拳の普及にも力を入れていただいているとのことでした。たいへんありがたいことです。アイルランド、英国、カナダ、オーストラリアなどの国名をあげられて、それらの国々での稽古の進め方や指導者の育成について、私の意見を聞きたいとのことでした。

私は、一貫して変わらない稽古のカリキュラムを大切に守っていきたいことをお話させていただきました。五十年変わることなく続けてきた稽古の流れを守ることで、楊名時太極拳を変わらずに伝えていけると考えるからです。

そしてそのために、太極拳基本五か条と太極拳五則をより深めていくことを、今後協会としても力を入れて取り組んでいくことにしたことをお伝えしました。

――「師家の志を継いで　私の太極拳日誌・第二十八回」『太極』一八四号（二〇一〇・九・二五）

心息動

同心協力

和而榮

博愛

健康

友好

和平

楊名時八段錦・太極拳五則（楊名時師家書）

対談第二部

明日への眼差し

楊 慧 × 河野太通

二〇一〇年三月十一日
於・楊名時太極拳記念会館楊名時美術展示室
司会・二玄社編集部
※（　）内はすべて編集部による注記。

大衆禅道場・龍門寺が目指すもの

――現在、太通老師がいらっしゃいます大衆禅道場《だいじゅうぜんどうじょう》というものがどういうものかについて、もう少しくわしくおうかがいできますか?

河野　いつの時代でも、坐禅に興味を持ち、禅に関心を寄せる人、また心を癒す場所を求める人がいます。一日、あるいは二日という坐禅会は全国に相当数ありますが、一般の方が一週間、一か月も滞在できる禅寺はめったにありません。この関東で申しますと、埼玉の平林寺、鎌倉の円覚寺、建長寺。禅門僧侶を養成する専門道場が全国に二十か所ばかりあります。しかし、楊名時先生もお過ごしになられた三島の龍澤寺《りゅうたくじ》専門道場もそうですが、こういうところは道心堅固な者、古くから参じている者でないと入門させてもらえません。

そこで一般の若者でも、学校が休みの学生でも、年齢を少々重ねていても、誰でも入門できるような、肉体的にも、生活の規律のうえでも比較的に穏やかな一般大衆相手の道場が必要です。

神戸の祥福寺専門道場で若き雲水（禅門修行者）たちの指導を引退して姫路の龍門寺に入った私は、ここを一般の方相手の寺にしようと思ったのです。この龍門寺は江戸中期、祥福寺の開山・盤珪《ばんけい》禅師のかつては根本道場だった寺で、境域約八千坪に三十棟の建物があり、うち十七棟が姫路市指定の重要文化財になっています。しかし檀家というものが無きに等しく、四十町歩という寺領を農地解放で失ってから、大変な荒れ寺になっています。ここで一般の人相手の道場を開設することで、寺の復興にもつながるだろうと思ったのです。荒れ寺の伽藍を修理するだけではつまらないんで、現代の社会に役立つ生きた寺にしていくために、「居《お》らしてほしい」という人を誰でも受け入れられる寺にしよう、と。そうすることによって、復興につながるのではないかという漠然たる思いで、そんなことを始めたんですよ。

そうしましたら、本山のほうから「宗門公認」の大衆禅道場を開いてくれんか、と頼まれましてね。当然受け入れまして、資金援助ももらってやるようになったんですね。

——「宗門公認」というのは？

河野　私は、もともと公認の祥福寺専門道場の師家という公の立場にいましたから、そういう者が龍門寺に入ったのだから、指導者は宗派が認めている者である、と。「宗門」の「大衆禅道場」ということにしたわけですね。

昔は、宗門公認なんてことを言わんでも、普通のお寺さんがすでに公認のものですから、いきなり飛び込んでいって「夏休み置いていただけませんか」とか言ってきた者を受け入れ、その代わり、草取りや掃除ぐらいはせーよ、くらいなことで置かしてもらったんですよ。お寺というもの自体が、公のものですから、それで良かったんです。大らかなところがありました。小説ですけど、姿三四郎も禅寺に放り込まれて苦労し、大成しています。

――中国の禅寺では、その点はどうなのでしょう？

河野　中国のお寺は、その時代によって異なりますが、大体いまでも妻帯をしていませんから、「おいで、おいで」ですよ。本来はそういったものなんですね。現代の日本では、お寺さんも妻帯しているという事情もありますし、また俗に言う「どこの馬の骨か分からん」という者を簡単に宿泊させ難い、そんな社会的な状況もあるんです。

インドから中国へ――日常茶飯事の仏道

――中国の仏教と日本の仏教、その違いはどの辺りにあるんでしょう？

河野　まず中国の仏教は、日常茶飯事のものになりました。中国の仏教も仏教だからインドで生まれたんだけれど、インドの仏教というのは、大変思索的、瞑想的、哲学的な仏教ですね。暑い国だから、よく茂った木の下で静かに瞑想して思索を巡らせるという仏教ですよ。この仏教が中国に伝来すると、これは中国の民族性でもあるんですが、実際的、日常的になるんですね。高尚な論理を云々して満足するという人たちじゃないんですね。日常茶飯事の中にその教えがどう活かされていくのか――具体的、日常的、生活的なんですね。だから、インドの瞑想的な仏教が中国に入ってきて、日常茶飯事のものに変革されていくんです。「喫茶去《きっさこ》」、まぁお茶でも飲んでいきなさい、というよく知られた言葉がありますね。

中国は唐時代の話ですが、趙州《じょうしゅう》という有名な和尚のところに、一人の修行者がやって来ました。趙州和尚がその者に「君は前にここに来たことがあるか？」と尋ねると、まぁ「来たことはありません、初めてです」との答え。すると趙州和尚「喫茶去——お茶でも飲みなされ」。また他の修行者に尋ねて「前にもここに来たことがおありか？」「来たことがあります」「喫茶去」と。そこで院主が和尚に「前に来たことがない者に『喫茶去』とすすめられるのはともかくとして、前に来たことがある者になぜ『喫茶去』と同じことをおっしゃるのですか？」と問うと、和尚が「院主さん」と呼ぶので院主が返事をした。すると、和尚「お茶をどうぞ」。

新しく来た新米の僧も、久しく参じている僧も、一杯のお茶が無心に飲めたら、一生参禅の修行は終わったも同然ということなのです。

また、こんなこともあります。趙州に修行者が質問しました。「私は僧になったばかりの新参者ですので、どうか和尚さん、仏道についてご親切なお示しを頂きたい」。すると和尚「朝食は済んだかい？」、僧「はい、いただきました」、和尚「では、食器を洗っておきなさい」。

このように、仏道とはどういうものであるということは何も説かないんですよ。

修行者は大和尚に会って、すぐに「仏道はどういうものでしょうか？」と聞きたいけれど、和尚は「お前はどっから来た？」だの「お茶でも飲め」だのと答えて、仏道の〝ぶ〟の字も言わないんです。だけど、それが仏道であると端的に示していることに気づかなければならないわけです。何の疑問、不安というものもなしに静かに日常茶飯事を行なう、それが仏道である、と。ご飯を食べてなかったら、ご飯をいただきなさい。食べ終わったら茶碗を洗って仕舞いなさい。仕舞ったらお茶でも飲んでいきなさい。そういう日常茶飯事が、何の疑いもなしに淡々とできていけば、それでいいわけですよね。これが仏道だということを、趙州和尚は示している。そういう風に日常茶飯事に仏道というものを発見していく、というように、インドから中国に来て変わっていくんですよ。

中国から日本へ――仏道そして太極拳の芸術化

河野　中国の仏教は日常生活的で、日本の仏教は鎌倉以降、修道の単一化、あるいは芸術化とでもいえますかね、そのように変化してくる。それは、そこに楊名時先生が「以和為貴　同心協力」というご自分の色紙を持ってお写真に写っていらっしゃいますよね。これ、まさに楊名時太極拳の精神の真髄でありますが、それは、中国の太極拳が楊名時先生のからだを通じて日本にやってきて、ああいう言葉を掲げるに至ったということでもあるでしょう。「以和為貴（和を以て貴しと為す）」というのは聖徳太子の十七条の憲法の最初に掲げられた言葉ですね。で、「同心協力」は楊名時太極拳のスローガンともいえる中国の言葉でしょう。まさに、中国の心と日本の心が一つになっておる言葉だし、それをお書きになって写真に写っておられる。まさしく日中友好の象徴的なお姿だと思って、さっきから拝見しておったんですけどね。

　中国で日常茶飯事のものになった仏教が、日本に渡って来ると芸術的になってくる。中国では日常茶飯事の中でお茶を飲むことも仏道修行になったと言いましたが、禅門の修行生活の中に、朝昼晩お茶を飲む茶《さ》礼《れい》というのがあります。それが儀式化されたものに、四《よつ》茶《ざ》礼《れい》、八《やつ》茶《ざ》礼《れい》という儀礼作法があります。それが日本に来て、僧院を

太宰府天満宮宝物殿に納められた
色紙を持つ楊名時師家

出て一般上流社会のものとなり、さらに大衆化されて茶道になるんですね。お茶を飲むことが仏道である。そのお茶を飲むことが芸術的に洗練されて、道となってくる。それが茶道ですね。それからお花を生けることも、「ただ野にある如く生けろ」と花伝書にはありますが、それが難しい。そして単なる生け花から華道になってくるんです。花を生ける技術だけではなしに、自分の心を養っていく道になってくる。それが華道ですが、私からすれば、楊名時太極拳というのも、まさに中国から伝来した体操と言えば体操なんだけれども、それが「以和為貴」や「同心協力」と言われるように、非常に芸術的なものになっていった。

楊名時太極拳はからだを通した「和の芸術」

河野　茶道が「茶を点てて飲む和の芸術」であり、華道が「花を生ける和の芸術」なら、楊名時太極拳は、「からだを動かす和の芸術」と言えるのではないでしょうか。人と人との和をこしらえて、心の結びを高めていく「からだの和の芸術」に昇華していったんですね。楊名時先生は、その姿を端的に示されました。

楊慧　老師様の言葉に共感します。まさに、聖徳太子様が日本で最初の憲法の冒頭に掲げた「以和為貴」という言葉と、父が好きだった『三国志』の中の「同心協力」という言葉（劉備・関羽・張飛の三人が義兄弟の契りを結んだ時の誓いの言葉）ですね、それをもって並べている。私が最近ちらっと見た本に、「和」というものは、「なごやか」とか、「やわらぐ」とか、「あわせる」とか、異質のものが一つになって和になる、とありました。楊名時先生というのは、仏教と同じように中国からやって来た中国発祥の太極拳というものを、日本の中で、日本の環境に上手に合わせていったんだと思います。

河野　まさに、一つに合わされて。茶道というと「飲む」ことで、作法というものが付いてはいますが、飲むことが主。それからお花のほうも、「生ける」ということですよね。そして太極拳は「からだ」。お茶は飲む芸術、お花は生ける芸術。太極拳は、からだ全体で「和」を表現する道。それが、楊名時太極拳の特徴ですね。だから名時先生は、太極拳を日本に根づかせることができたんですよ。そういう意義があったからこそ、ね。

楊慧　名時先生は一時、太極拳を「太極道」と呼びたいと言っていたことがあるんです。華道、茶道と同じように、日本に渡って、これは道になったんだということをおっしゃって。太極拳は楊名時の世界に入ると、さまざまな哲学も含んでいるけれども、芸術でもあるとおっしゃって、いろんなものにそう書いていらっしゃるんですよね。

私はその時は「太極道」というは、スムーズに理解はできなかったけれど、いまはそういう風になっていたら良かったかなと時々思うんですね。いまからでも、そういう風になってもいいんじゃないのかな、と。

――「太極道」と、一時名称されていたことがありますね？

楊慧　正式な発表ではないんですけど。

河野　何かで語っておられますね。

――ですよね。でも、あれはいつの間にか……。

楊慧　反対もあったのね。読みようによっては「だい・ごくどう（大・極道）」と読める、と（笑）。

河野　なるほど。

楊慧　それで、イメージが良くないというので反対もあり、なかなか根づくまでにはいきませんでしたね。それで私が「の」を入れたらいいんじゃない、と言ったんです。それで「太極の道（みち）」とか。でも、字で残っちゃうとね。

河野　ふりがなをしておかなけりゃ、いけなかったね（笑）。

楊慧　けれども、楊名時先生が言いたかった意味はすごく理解できましたね。

老師様がおっしゃったように、ものは一つで固定したものじゃなくて、自然に和み、合わさり、スタイルができていくわけで、楊名時のスタイルは、こういうスタイルで続いていかなければ意味がないと思うんですね。

河野　それが楊名時太極拳の特色だと思いますよ。中国に行き、中国の方々の太極拳を見て、それはそれでいいんだけれども、楊名時太極拳とは違うね。これはやっぱり、

楊名時師家書
「太極道」

茶道、華道と同じように伝わってくる芸術性だね。「和の芸術」というか、「和のからだの芸術」というかね。そういう違いというのは、中国で太極拳を見ると、感じます。

楊慧　私もやはり、せっかくそういう思いで楊名時先生が五十年間一生懸命、日本に広めてきた太極拳ですから、これからもそのスタイルを持ち続けていってほしいな、と。「太極拳」とひと言で言っちゃうと、いろいろな捉え方ができるので、それは何が良いとか悪いとか、何が正しくて何が間違っているじゃなくて、ここはこういうやり方、そこはそういうやり方、楊名時はこういうものなんだという――哲学でもあり、医療体術でもあり、武術の流れもあるけれど、最後にはそれぞれ美しいもの、気持ちが良かったというものを感じられるような、自分のからだを動かしていく芸術としての太極拳をもっとしっかり根づかせたい。

楊名時師家の普遍の教え――争わない心

河野　茶道でも華道でも、最初習い始めの頃は、いろいろな作法を覚えるだけでも大変ですね。華道だって「たい（体）・ゆう（用）・そう（相）」と理屈があるわけだけれども、じつはその理屈というものも、人に教えるということになった時に必要になったんですよね。だから、もとは理屈なんてなかった。「野に咲く花の如く生けろ」と。茶道だってそうでしょ。利休さんが「ただ点てて飲むばかりなりけり」かな、そんなことを言いましたね。そうなるためには、一応の理屈、やり方がいろいろ必要で、それは学ばなければならんけれども、最後は楊名時先生のように、もう何もおっしゃらずに、無心に演じていく。そこに到達するんですよ。

楊慧　でも、最近は「なぜ」という理屈から入りたいとか、まずこれが何なのかを知りたいというところに先に行きがちな時代ですよね。太通老師もおっしゃっておられましたが、私も太極拳を父から習い始めた時、とにかく「え、いまの手、何？」とか質問すると、「黙りなさい。黙って真似していればいいから。後ろで真似していればいいの」と。

河野　「手をもっと上げろ」とか、そういうことを一切おっしゃらない。だから、こっちは先生のお姿を見て、ああそうするのかな、という学び方をしたんですよ。

楊慧　いまはどうしても、お弟子さんも増えていますしね。

河野　理屈も必要でね。

楊慧　ある程度の、マニュアルじゃないですけど、手ほどきがないと、多くの方には同じようには伝わらない。でも、楊先生はたった一人で始めて、何人かずつ楊先生に付いていく方と一緒にやりながら、どんどん広がっていった。これは素晴らしいことだったなと思いますね。

――これだけ楊名時太極拳をやる人が増えてきますと、やはりそうもいかなくなってしまいますよね？　みんな、それぞれ違う教室でやっていらっしゃるわけですし。

楊慧　でも、大きなところで「こういうものなんだよ」という楊先生のおっしゃりたかったこととか、みんなに知っていてほしいという心は大切にしていきたい。技・型を競うことよりも、自分が気持ちよく無になって、全身の力を抜いて動けることが大事なんだよという大きなところは、どの先生が、どの地域で、どんな風に、どんなテキストを使って指導するとしても、そういう大事なところは変わらずにつながっていくといいな、と。

競技しないというところが、一番いいところだと思うんですね。競技しだすと、技で勝つ人が次の新しい技を生みだして、どんどんいろいろな目に見えるもの、見た目だけで変わっていってしまいますから。

――相手よりも優ろうとするわけですからね。相手に、どこがどう優っていたのかですから、逆に違いを求めるようになってしまいますね？

楊慧　優るために、さらなる技を見出すでしょ。

――そういう意味では、楊名時太極拳は大発明だったのかもしれませんね。それで、あの二つの言葉（「以和為貴」「同心協力」）が大事になるんですね？

楊慧　いろんな知識として知ることも大切なことだから、それはそれで必要だと思うんですけど、そこだけに走ってしまうと違っちゃうのかな、と。

――結局、どういう気持ちでそれをやり、どういう心でそのかたちに至るのかが肝心なわけですね？

楊慧　楊先生が普及してきた時代というの

伊勢神宮奉納演舞全国大会にて
（1994年、最前に楊名時師家、右端に楊慧師範）

は、日本に来て、戦後の社会情勢も荒れていて、中国に帰ろうと思っても帰ることができない大変困難な時代の中で、どうやってここで、と。じゃあ、自分は最後まで日本で生きていくのかと考えた時に、日本の社会を見まわすと、戦争も終わり高度成長期に突き進み、もっと頑張らなきゃ、もっといい成績を取らなくちゃという「モーレツに頑張っている時代」だった。老師様も覚えていらっしゃるかもしれないけど、楊先生は「中国の人は、望遠鏡のように遠くを見るんだよ。どうしても日本の人は顕微鏡みたいに、近く近くを解決していこうとするけれど、もっと遠くを見てごらんなさい」とよくおっしゃっていたんですよ。そういう大変な時代だったからこそ、「もう競わなくていいよ。みんなちょっと、すっと静かに息を吐いて、ゆっくり自分らしく動いてみたらどうですか」ということを、この日本で中国の太極拳を普及しながら言いたかったんだと思う。

で、楊先生が亡くなって、いま世の中は情報が発達して、何でもあっという間にピッピッて情報網が出て、それはとても便利に進化していることではあるけれども、やはり違う意味で、楊先生が感じていた大変な、モーレツな時代と同じような時を私たちも生きているんじゃないかと思うんです。若い人とは生まれた時から使っている機械も違ってきていて、みんなが一緒に同じテレビを観ていた時代とは違って、どんどんいろんなものが進歩していく。情報を得たければインターネットなどですぐに手に入る。けれどもいま、こういう慌ただしい時代だからこそ、そこではないものが必要なのではないかと。父の伝えようとしていたことをふと思い出すと、あの時私に言ってくれたことは、あらためてすごい言葉だったなと分かるんですね。

時代に翻弄された楊名時師家の人生

河野　ちょっと話が違うかも分からんけど、楊先生が、言ってみれば時代に翻弄されたというかね、中国に日本が傀儡政権を作っちゃって、中国全土から優秀な青年を集めて日本に留学させたわけでしょ、東大、京大に。そして勉強して中国に帰ってもらって、日中友好の絆としたかったんでしょう、日本としては。ところが、中国の政権が倒れますよね。それで、日本に来ておった中国の優秀な青年たちは帰れなくなっちゃう。それからのことはくわしくは知らないけれど、何人かお帰りになった方はあったんでしょう？　その時に、先生もお帰りになりたいという気持ちがおありだったのではないか、と。

楊慧　すごく悩んだみたいです。でも、まわりを見ていると、帰ったらそれっきり、それこそ音信不通に……。

河野　帰っても、中国の情勢というものが平穏じゃなかったからね。

楊慧　殺されてしまうということもあったように聞いています。

　父が京都で結婚しましたよね。母の逸子と結婚したんですが、その時、円山公園だと聞いているんですけれど、母は仲良しだったお友達とそこに遊びに来ていた。父も仲の良かった留学生仲間と来ていて、そこで出会って親しくなって、それぞれが結婚することになった。だから父の友人と母のお友達の、そのご夫婦とはずっと仲が良くて、また、そこのお嬢さんが私とお誕生日が一日違いなんです。それで親しくしていただいて。ところが、その父の友人は中国へ帰ってしまったんですよ、まだ大変な頃に。貿易の仕事で何度か両国を行き来するうちに、混乱に巻き込まれたのかもしれません……。要するに二人のお子さんと母のお友達だった奥さんだけが日本で生活することになったんです。そういう、お互いに助け合ってきた親しい仲間が帰るという時に、その都度、父も「自分はどうすべきか」と、心が揺らいだようです。日本にいても、私も兄もですけど、日本籍は取れないし、かといって中国人だから中国籍を持っているといっても、中国に実際の籍などあるわけないですよね。日本の中で、「この人は中国人の子どもだから中国人だ」と言われるだけで。社会が不安定な中で、中国と日本との間で何かがあったら、自分の奥さんや子どもたちは日本にいられなくなるに決まっている。じゃあ中国に帰ったところで、中国に籍があるわけもない。本当にどうやって生きていこうということは、ものすごく迷ったり悩んだりしたみたいです。で、そのような中で父は日本に残ったんですけど、母の親友だったその母子とは、ずっとうちの家族は仲良くしています。父や母が亡くなった後も。その方は京都に住んでいらっしゃるんですけど、つい最近も見えられて、「楊さんのところに

中国から日本留学へ旅立つ一行
（1943年、前列左から２人目が楊名時師家）

来ないと落ち着かないわ」なんて。

河野　本当に中国は、大変な時代でしたね。のちに国民党になる蒋介石の政権があって、その政権と共産党が争って、蒋介石は台湾に逃れる。そして、共産党政権ができるわけですが、この政権が決して安定していたわけではない。そして文化大革命があったでしょ。あれがあったから、もし先生が中国に帰っておられたら大変な目にあっていたのではないですか。旧政権、旧時代の指導者的な立場の人、特に日本に勉強に行っておった人など非常に危険な目にあったでしょう。

楊慧　恐ろしい話をいっぱい聞いていましたから。そんな中で、いかに平静に……。

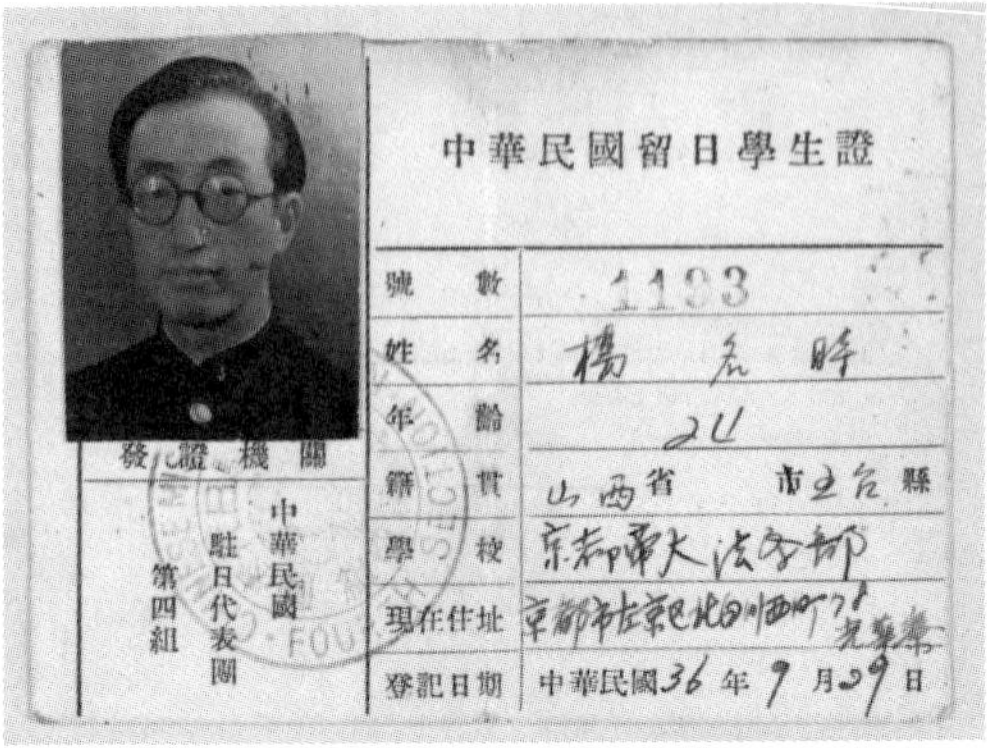

京都大学時代の留学生学生証

河野　お帰りにならなくて良かったんだけれども、そういう中国の文化大革命のことなどをいろんな情報で先生は知っておられた。知った時、母国のそういう状況をいろいろ複雑な思いで見ておられたんだろうな、と。そういうことを、私はあんまり聞いたことがなかったんだけどね。

苦境の中でこそ生まれた「健康・友好・平和」のスローガン

——そのあたりのことについて、慧先生には?

楊慧 あまり語らなかったですね。ただ、中国に帰るべきか日本にいていいのかということをものすごく悩んだ、という話はちょっと聞いています。でも、日本で生きていくのも大変だったわけですよね。けれども父には、いろんな方のご縁があって、出会う方、出会う方に良いご縁をいただいたから、大学で職を持つようになり、結果、思いも寄らず、太極拳というもので……。

河野 ご自分の、幼児期から青年期に身につけた太極拳、自分の健康のためにおやりになったはずの太極拳、その輪が広がっちゃった。

楊慧 その普及も、中国のままをするのではなくて、自分が生きてきた時代のさまざまなものを、何て言うんでしょう、反映じゃないんですけど……だからこそ「みんなが平和を願っている」ということが大前提なんですね。争いたくない、戦いたくない、和して融合していきたいという思い。それだから、「健康・友好・平和」という楊名時太極拳のスローガンを、私は素晴らしいと思うんです。

河野　本当に、先生の心からの、そういう自分の人生と重ね合わせての言葉だったと思うね。だから、鑑真和上の像を、私が一緒にお供した時に求められたんですよね。それで祥福寺に持って来られてね。

楊慧　すごく喜んでいましたね、これ（鑑真和上像）をお連れして。

河野　まさに、ご自分と鑑真和上を重ね合わせていらしたんですな。

楊慧　毎年、春には唐招提寺にも行って。いまは、父が亡くなってからは、兄と私が交代で毎年うかがっています。今年は私がうかがう番です。

河野　ちょうど大明寺にご一緒した時に、そのお寺では、われわれが訪ねた翌年、鑑真和上の影像というのかな、等身大の像（乾漆鑑真和上坐像）が初めてお里帰りになる、ということで、それで、像が届いたら御神輿に乗せてお寺の下から運ぶんだと、御神輿に紅白の布《きれ》を巻いて、担いで上げる練習をやっておったですよ。だから、よく覚えているんです。鑑真和上の像がお里帰りになる年（一九八〇年）の、何か月か前に行っ

楊名時美術展示室・展示ケース中央に鑑真和上坐像が大切に飾られている

たんですよね。

楊慧　「どんな時でも、平和というものはみんなが望むものだ」ということを、楊名時という人は、大変な時代を生き抜く中で誰よりも身をもって知ったのだと思います。平和であること、仲良くできるということ、それは大前提として持っていたのかな、と。で、平和であるためには、小さなところから。いきなり世界平和とか言ってもなかなか誰も……。まずは、身近な人と仲良くしていきましょう、と。自然に、さっき老師様がおっしゃったように、ね。

河野　それが、太極拳なんですよね。

楊慧　さっき老師様がおっしゃった、

「お腹が空いていたらご飯を召し上がれ。ご飯が済んだら洗いなさい」というのは、何でもないことだけど、すごく大事なことですよね。

河野 自然にそれができるということは、それだけでありがたいことです。平和でないとそれができないですからね。戦後の日本も、焼け出された子どもたち、「戦災孤児」と言っていましたが、この子たちが街にあふれてね。食べる物も食べられなかった。だから人のものをかっぱらって、怒鳴られて、それを持って逃げる。ああいう姿を見ると、「どこから来た？」「飯は食ったか？　食べてないなら、食べていけ」という、ただそれだけのことが、いかに平和な時に行なわれることか。これが大切なことだと思いますよね。それが、かつては日本でもできなかったのだから。食べることが、ケンカだったですよ。

楊慧 いまは、私たちはそういうことを経験していないから忘れていて、何でも便利

唐招提寺での楊名時師家の演舞（2001 年）

にすぐに過ぎていくけれども、自然で当たり前のことができるということは、とても大切なことですね。

河野 ありがたいことです。

楊名時太極拳の「世界性」

――ただ、いまでも世界中で紛争やテロが絶えませんね？

河野 慢性的な栄養不良児が、アフリカには二千万人おるというからね。

――そういう意味では、日本だけじゃなく、もっと世界に広まってほしいですね、楊名時太極拳をやる人が。

楊慧 そうなっていくんじゃないかと私は思いますね。繰り返しになりますけど、楊名時太極拳は、中国の太極拳とは違った魅力を持ちながら、日本の中で広がっていっていますからね。この独特な太極拳が、外国からも注目されています。「中国のではなく日本の太極拳」というのが結構当たり前になってきていますね。

私が時々依頼を受けるのは――大きなホテルだとスポーツクラブを持っていますよね。そこに各国の方が見えられる時に、日本に行ったら楊名時の太極拳をやりたいというリクエストがあるそうで、お願いできませんかと電話が入るんです。そのスポーツクラブでは、通常のレッスンとしていわゆる太極拳が入っているみたいなんですけど、外国から来られる方が、日本に行った機会に楊名時の太極拳を習いたいとおっしゃるんだそうです。

河野 やっぱりね。さっき私が言ったように、中国から伝わってきたものが日本で昇華されて茶道、華道になった。今度は太極拳がそうなってきたんだね。

楊慧 やはり太極道なんですよね。「道」なんですよ。生涯続けられてね。

河野 ただの技術じゃないんだね。

楊慧 技術じゃなくて、長く長くずっとその道を続けられる。

河野 昔はね、昔と言っても戦後ですけど、日本人の商社マンなんかが外国に行くでしょ。そうすると、日本人の顔を見るなり、お花を生けられるか、茶道を知っているかとか、柔道できるか、坐禅できるかと必ず聞くんですな、外国人は。それで、日本に帰ってきた人が坐禅させてくれ、と言って私らのところに来る。なんでやと聞いたら、向こうで日本人なら坐禅できるだろうと言われたんだ、と。あらためて日本の文化を勉強し直すということが、かつてあったんだけども。いまでもそうかもしれんけど、いまはそれに太極拳が、楊名時太極拳が加わってきたんだね。

楊慧　日本の中に根づいてきたということは言えますね。

話が飛ぶようですけど、絵本作家の長谷川集平さんがね、『芸術新潮』（二〇一〇年一月・創刊六十周年記念特大号）に載せてくださったんですよ。「私が選ぶ日本遺産」というので、二十一世紀に日本の人たちに伝えていきたい大切なものの三つのうちに、楊名時太極拳を入れてくれましてね。

河野　まさに、そうなりましたね。

楊慧　日本の中で独特な立場、スタンスがあるということかな、と。

早くから外国人も稽古に参加していた
（1974年、名古屋・朝日文化センターでの稽古風景）

河野　単なるお茶を飲むという技術、お花を生けるという技術が、日本に来て茶道、華道になったように、太極拳が太極道になったんだね。

楊慧　だから、太極道にしようと言っていたのは何年前か忘れましたけど、楊名時先生はずいぶん先を見ていたんだな、と思います。

河野　先というのか、当然のこと。だから「飲むこと」「生けること」、そしてこれからは「からだ」になったんですよ。口や手先だけじゃなくて、からだ全体になった。それが太極拳ですね。

――そういう意味では、禅だってそうですね。中国から日本に伝来した禅が、戦後アメリカなどで流行りましたよね？　「Z」「E」「N」、「ZEN」といって。

河野　禅は、訳さずに「ZEN」ですからね。

三昧の境地で指導する楊名時師家
（1971 年、日本武道館での稽古風景）

――世界共通語になっていますね。その時に関心が持たれたのは、一つは禅の思想性ですが、もう一つは芸術性ですよね。ですから、白隠の素晴らしい作品がたくさんアメリカに渡っていたりします。

河野　禅の中からも芸術が生まれていく。書画も芸術になっていますね。書、これも書道になったんだ。

この六月にフランスのバランスというところの郊外に行くんです。二年に一度くらい行くんですけど、向こうで下手な太極拳をやってくるんですよ。坐禅の間に八段錦をやって、それから太極拳は午後のお休み時間に。ヨーロッパ人はみんな関心を持っていて、私たちがやると一緒にくっついてやってくれるんですね。

〝三昧〟の境地で舞う楊名時師家

楊慧　老師様とお話ししていると、本当にいいですね。なんか父がいるみたいで。気持ちがとても広がる感じ。教室では具体的な手足の動かし方ばかりが気になる方が時々いらっしゃいますので。

河野　ちょっとワンポイントだけアドバイスしてあげてもいいけど、あんまり難しいのはね。

楊慧　型ばかりじゃなくて、というのが、なかなか……。

河野　名時先生は、人のやるのをあまり見ているように見えなかった。でも、見てないようだけど、見とったな。注意をしてやろうとなると、そっちのほうに目が行くわけですけど、名時先生は自分がまさに〝三昧〟の境地に入ってね。その姿を、われわれが見ていた。先生も「少し上達したね」というようなことをおっしゃっていたところをみると、見ないようなふりして見ていたようなんだけど、こっちが見ていると、先生は先生で、もう人のことなんかお構いなしに自分で〝三昧〟になって、やっておられたですな。その姿をわれわれは見ているから、理屈を超えてああいう境地になら

第１回対談時・
偶然に師家と重なるように写った楊慧師範

なければ、と。まさに、「和を以て貴しと為す、同心協力の姿」。からだに表われている。ああいう風にならなければいけないなと思いますね。

楊慧　いま、それを次の時代にどうつないでいくかは、すごくむずかしくて。楊先生の姿がもう見えないので。これだけ多くの「最終的にはそういうところに行き着きたい、そういうものを自分の中に感じてみたい」という思いを持って集まる方たちに、どうやってそれを返してつないでいくのかは、大きな課題のような気がするんですね。

河野　それは、慧先生が名時先生になりきって、その姿を見せる。アドバイスはいろいろとしてあげたらいいと思いますけど、一回は楊名時になりきってね。

さっきいい写真をいただいたな。この写真、なりきっちゃっているんだ。どうです、これ。

楊慧　なりきってます?

河野　楊名時さんは、あなたの後ろにはまり込んじゃっていますよ（笑）。これは珍しい、いい写真ですよ。

慧先生の使命

楊慧　これから自分ができることは何だろうと考えた時、誰々よりすごい技を見せるなんてことはまずできない。そうじゃなくて、前回お話したように、一番長く父と一緒に暮らしてきた、その中で、教え習ったことじゃなくて、自然に、それこそ日常の中で一緒に何となく……。

河野　からだに伝えられた、会得したものね。

楊慧　そうです、からだに伝えられたこと、何気なく話をしてきた中で聞いてきたこと、そういうもの一つひとつが大事なことだったな、と。

河野　それを見せる。それはもう、父と子として直に太極拳を伝達された、そういう人はあなたと進先生しかいないんだから。進先生とあなたがここからいなくなったら、実際に楊名時先生の心を身近に体験した人はいなくなっちゃうんだから。これは大切なことですよ。

楊慧　だから、積極的に手を挙げて、「楊名時はここにいますよ。楊先生がこんな風

三笠宮崇仁殿下（手前左）とともに。師家楊名時先生傘寿祝賀会
（2004 年、後列中央は中野完二師範）　撮影：佐藤伸子師範

に言っていたことを、私は聞きましたよ」ということを、みなさんに分かってもらえるように語っていけるといいなと思っているんです。

河野　いまはまだ、進先生も慧先生もおられるからいいんだけど、これが五十年経ってごらん。本当に、慧さん、あなた貴重な存在ですよ。

楊慧　そう思うと本当に、この時、この時が大事だと思うんですよね。いままでの人生の中で、もったいないことをしちゃったなという時間もあったような気がしますけど。

河野　私も、それは思う。

楊慧　でも、嬉しいですよね、そういうことにいま気づいて。いまのこの時間がものすごく大事だな、と。

河野　だから、それは慧先生の使命ですわ。偉そうなことを言うけどね。「使命」というのは「命を使う」と書くんですね。どう命を使うか。だから、慧先生は、楊名時太極拳をからだで具現し、表わしていくという使命がある。そういう命の使い方をしていただきたいですね。

楊慧　それくらいのものを、父は遺していったと思うので、しっかり受け止めていきたいな、と。

河野　日本という国に、新たな文化を根づかせた。中国そのままではなく、日本的な発展をしたそれを根づかせた。これは大変なこ

天安門広場で太極拳をする楊名時師家（1981年）

と、本当は文化勲章もんですよ。

楊慧　結局、中国には帰らなかったけど、日本で生活をして、日中の大きな架け橋になったんですね。

河野　架け橋を架けちゃった。その頃（戦時中）の日本政府というのは、あまりいい政権ではなかったけれど、それで強制的に中国の優秀な青年を日本に連れてきて勉強させたわけですが、それが図らずも楊名時太極拳を日本に根づかせるという、文化の伝達になったわけですね。これは、かつての時の政権の功罪というかな、そういうことですね。

楊慧　まさしく、ああいう時代だったからこそ、日本に太極拳が生まれたんですよね。

河野　連れて来られなかったら、そんなことはなかった。

楊慧　こんな風には、普及していなかったでしょうね。太極拳は（日本に）入っていたでしょうけど、こういうスタイルとは違ったでしょう。

——日本人でも、テコンドーをやる人とかがいますが、そんなもう少しマニアックな感じになっていたかもしれませんね？

これからの五十年——三昧の舞いから学ぶもの

——それにしても、さきほどからのお話でやはり大事なのは、「師家が〝三昧〟に入って舞う姿を見て、学んだ」という点ではないかと思うのですが、いかがでしょう？それは、本当に言葉では通じないところですから。

河野 技術的なことは、本を出されておられるから、それを見て身につけていけばいいのであって、実際にやっている時に、ゴタゴタと言われることはなかったですよね。自分でやりながら、本当に覚えるまでは、足をどう動かすんかなと思ってね。ビデオは出ているし、本は出ているし。先生のビデオを見たり、本を見て研究して。先生と演じる時には、先生はもうそんなことは何もおっしゃらないでしたね。無心にやっていく、ということでしたね。

——その姿を見て、感じて……。

楊慧 いい時代だったというか、いい習い方をされましたね。

河野 一番いい教え方をなさった。楊名時太極拳の肝心なポイント、エキスというものを伝えるという授業だったですな。

――テキストだけで言えば、いまもある意味では師家がいらっしゃる時以上に便利なものがたくさんありますね？

河野　前回の対談の時に慧先生から聞いたのかな。私らの時はビデオを見ながらやる時、画面とからだの向きを同じにするとひっくり返って画面が見えなくなっちゃうから、こっちに鏡を置くか、なんてしたけど、いまは両面あるんだそうですね。非常に便利になって。

楊慧　ある意味、動きとか見た目のものを覚えるのは簡単ですよね。器用な方なら、それを繰り返していれば覚えられる。でも、楊名時太極拳で伝えたいのは、そこだけじゃないという……。

国立劇場での楊名時師家の演舞（1989 年）　撮影：飯沼直志師範

河野　ハートですよ。

楊慧　そう、ハートですよね。大事な心の部分をきちんと残していかないと、これからの五十年がつながらなくなってしまう。いわゆる動作だけで完結しないように。

河野　雰囲気ね。いい雰囲気ですよ。ほかの太極拳にはない雰囲気。

繰り返しになりますが、すでにお話したあの北京空港でのことね、あれはやはり楊名時太極拳の極意だなと、いまでも思っていますね。あの侃々諤々《かんかんがくがく》となっているところで、名時先生が「さあ、みなさん、ちょっと太極拳を演じましょうか」と始まった。みんな唖然として見ておった。そうしたら一人加わり、二人加わり……結局は二十数人全員が、北京空港の待合室で粛然と演じたですよ。そして、みんなおとなしくなっちゃった。その時のゴタゴタを一遍に収めてしまった。あれはまさに「和を以て貴しと為す」「同心協力」そのものですよ。ゴタゴタ言わずに、何も言わずに、（老師、十字手の手振りをしながら）これで収まっちゃった。これが楊名時太極拳の極意だなと、つくづくそう思っています。本当に印象的だった。

――これからも、そういう楊名時太極拳の極意は活用できるかもしれませんね、世界平和にだって……。

楊慧　それはそうなんですよね。収める、仲良くするということにつながりますからね。

――紛争が現にいま起きているところに行ったら、さすがに危険ですけど。でも、何らかのかたちで……。

楊慧 ワーワーと言いたくなっちゃう時に、すっと太極拳を舞うというか。

河野 普通だったら、「まあまあ皆さん、せっかく中国まで旅行に来て、いまもう帰るところなんですから、ケンカなんか止めましょうよ」とかね、言いたくなるんですけど、何も言わずに舞いが始まって、収まっちゃった。

楊慧 楊名時先生と老師様との対談で、何の対談で読んだのか忘れてしまったんですけど、「あの時（北京空港での出来事）は大変でしたね」みたいな話の中で、父が「老師様はあの時、よく寝ておられましたね。さすが大人《たいじん》」と。みんなが不安がっている時に、老師様はただ黙って目を閉じて……。

河野 寝ちゃったんですよ。

楊慧 寝ちゃったという、それがまたすごい。

河野 みなさんが吐いたり、南無妙法蓮華経を唱え始めたりしている中で、あの小さな飛行機の座席の上で、私は数息観《すそくかん》で坐禅を少しやっていたんですよ。そうしたら、そのうち寝ちゃったんです。

楊慧 禅道場だったら、叩かれるんじゃないですか（笑）。

河野　確かに寝ちゃったら、叩かれますな（笑）。

楊慧　あの後くらいからかしら、父が飛行機に乗らなくなったのは。多分、あれが最後だと思います。もう絶対にいやだって。

——やはり、余程いやな体験ではあったんですね？

楊慧　落ち着いて太極拳はしたけれど、本当はもう乗らないぞ、と。

河野　その後は、京都の寂光院の庵主様と私と帯津先生、お医者さんと尼さんと坊さんを連れて行けば、もし何かがあっても大丈夫だと冗談を言いながら、自分の故郷は五台山の麓だから一緒に参りましょう、と言ってましたね。

楊慧　それは行くと言っていました。でも、それ以外は飛行機は乗りたくない、と。

河野　とうとうご一緒に行けずじまいだったですがね……。

人類共通の精神性

——ところで、いま、楊名時太極拳は海外にも教室はあるんですか？

楊慧　しっかりとした支部みたいなものは、いまはないですね。でも、空手家の金澤弘和先生が世界中に道場をお持ちで、そこで太極拳もやっているので、それらの国々での稽古の進め方や指導者の育成などについて、私の意見を聞きたいと、つい先日、ご連絡いただいたところです。免状申請などはちらほらあります。

河野　師範は？

楊慧　ずっとカナダにいる日本の方でやはり空手の先生なんですけど、何年か前に箱根に師範の審査を受けに来られて、向こうで教えていらっしゃる人がいます。いまは行き来はないですけれど、うちの団体が海外交流でカナダに行った時には、向こうでずいぶんお世話になったみたい

ニュージーランド研修旅行にて（1999年、2列目右から4人目が楊進師範）

楊慧師範を中心にした百花拳演舞の光景

ですね。

――支部みたいなものはともかくとして、いろいろな国でやっている方はいらっしゃるんでしょうね？

楊慧　楊先生が三、四十年前に教えた方が、ニューヨークに行かれて向こうで暮らしていて、やっているみたいですね。どういうスタイルで広がっているのかは分からないですけど。よその国で楊名時太極拳という名称は、中国の太極拳とは別の、「日本の楊名時という人の太極拳」ということで認識していらっしゃる方も出てきているんですね。

――国内の支部にも外国の方がいるようですね。全国を調べてみたら、結構いらっしゃるんじゃないでしょうか？　禅道場で外国人が修行されているように。

楊慧　私のクラスにもよく見えますけど、そういう方たちは、太極拳を学びたいということももちろんあるんですけど、奥深い楊名時の心の世界を知りたいということを、併せ持って来られる方が多いですね。だって、普通の武術太極拳を習いたいと思ったら、そういう太極拳の教室に行けばいいわけで。楊名時という人の独特な世界を分かっていらっしゃる方が、日本の方以上にその心を学びたい、と。禅に通じるような。

河野　お茶でもお花でも、技術を覚えるということよりも、あの茶室の中の雰囲気が好きで学びたい、と……。

楊慧　そこで心静かになりたいとか、というね。

楊先生はいつも、教室では「自分の健康と幸せだけを願うのではなく、一緒に稽古をする仲間の健康や幸せも願いましょう」と言っていらしてね。そういう、基本的な大事なことを、太極拳を通じてだけれども、残していかれたんだなぁ、と。だから、やっぱり独特な世界なんですよね。

――まさにいま、世界に共通して求められている精神性なのかもしれませんね。逆にそのことを、外国の人のほうが素直に感じられる方が多いのかもしれないですね。そのことの良さ、そのことの意義を、日本の中でもこれから理解してくれる人がどんどん増えてくるのではないでしょうか?

楊慧　そうありたいですね、むずかしいことかもしれないけど。

火を絶やさず灯し続ける

楊慧　理解されるかされないかは別にして、まずは自分がそういうことを感じ、自分がそういう風に思ってできればいいですね。人間は、それぞれいろいろな立場があって、その立場立場で感じたり受け止めたりする。受け止め方や感じ方はその方の立場によって違うので、みんながみんな、これをこう分かれというのは無理でしょう。

でも、自分が父との生活の中で自然に理解してきたこと、また、その父を通して老師様など普段お話できないような方とお話する機会を得て、さらに自分の中に積み重なっていくこと、そういうことがすごく嬉しい。そしてそれが私と接するどなたか、たまたまそれが太極拳に来た方かどうか、いろいろな場合があると思いますが、そういう方に何となく伝わっていけば、それでいいかなと思うんですね。とても私は、技術や技をどうとかっていう太極拳はしていないので。そうではなくて、楊名時が作ってきた世界、そういうものを静かに、絶やさないようにしたい。
で、やはり、私たちの会の大事なスローガンの「健康・友好・平和」、みんな仲良くしましょうね、ということ、それだけは伝えていきたいと思っています。

河野太通老師と楊進・楊慧師範（2009 年）

――無理に火を増やそうとするのではなく、自分が灯すべき火を、絶やさずにずっと灯し続ける、ということですね？

楊慧　そうですね。
今年が五十年ですよね、先生が普及を始めて。楊名時はもう亡くなってしまったけれど、徐々に芽が生えて、いろいろな面でも注目されて、日本の中に根づいてきた。そしていまこの時期に、兄の進先生と私で楊名時という人を語りながら、また次に向かってつなげていく大事な時期だと思うのです。さっき老師様がおっしゃった「あなたの使命ですよ」――、大きな言葉でおっしゃっていただきましたけど、そこまでは無理かと思いますけど、やはり自分ができる範囲では、せっかくいい言葉、いい教えをたくさん父から学んできたので、伝えていきたいですね。

河野　この日曜日、関西に行ってきたんですよ。

楊慧　ほう、どこへ？

河野　大阪だったんですけど、そこで奈良大学の先生がお話なすって、その時しみじみ思ったんです。奈良が遷都千三百年、京都が千百年、そのすごい歴史を考えると、楊名時太極拳五十年って、ほんとにまだ、ほんの一歩。

でも、この一歩がすごく大事。この一瞬、この時というのが、どんなに大切かな、と。始まりだなと感じましたね。

楊慧　いや、しかし五十年だって大変ですよ。半世紀ですからね。人の一生でしょう。世代にすると二代かな。

かけがえのない縁をこれからもつないで

楊慧　今回はお忙しいのに来ていただいて、こんなにゆっくりといろいろな話をする機会が得られて、嬉しかったです。父を、楊名時という人のそばで的確にご覧になってお付き合いを深くなさっていらしたので、私もいろいろなことを思い出すことができました。

河野　私は、他人様の紹介とか、どっかで偶然に出会ったというのではなしに、すでにお話したように、道衣を着た先生の立ち姿を本屋の雑誌で見て、それでこの先生に一遍会おうと思い立ったんです。その立ち姿を見て、この人は中国の大人《たいじん》だなと思って、その場ですぐに電話番号を控えて、電話したんですよ。そうしたら、いらっしゃ

抱一龕道場での稽古風景（1974年）

いということで。

楊慧　ご縁ですよね。そこからの始まりって。立っている姿だけでそれを見抜くというか、感じ取られたというのが。

河野　感じ取ったんですね。

——お会いしてみて、最初の印象はどうでしたか?

河野　写真で見た時よりも、非常に柔和な方でしたね。抱一龕道場の教室に行ったら、いきなりやらされちゃってね。全然訳が分からんけど一緒にやって、それから次の日は朝日カルチャーセンターでもやるからというので、翌日も行きました。

楊慧　本当に興味を持たれたんですね、二日続けて。そのために、東京までいらしたんですか。

河野　ええ、そうです。誰かの紹介というわけでもなく。そういう出会い方をしたのは、後にも先にも名時先生しかいない。人生でいろいろな出会いがありましたけどね。

楊慧　うちの師範にいま九十六歳になられる方がいらっしゃるんです。九十三歳くら

いまで私の青山の教室に通っていらしたんですよ。この方は慶應の出身で、自分の九十何年の人生の中で「先生」と呼ぶのは福澤諭吉だけだ、と。でも、楊先生だけは別で、「私が生涯に出会った人の中で『先生』と呼ぶのは、楊先生だけです」とおっしゃってね。

河野　九十何歳ですと、福澤諭吉（一九〇一年没）には直接会ってませんな。

楊慧　「私には、福澤先生しかいないけど、出会った人の中では楊先生」と。

「楊先生の印象は？」と尋ねた時、「日本に来てから並々ならぬ苦労をされ、それを乗り越えてきたので、感情を表に出さず、かわいそうな気すらした。でもそれが、つらいことをぐっと抑えられる強い人にさせたのだろうと思った」とおっしゃったのが、いますごく印象に残っていて。

第２回対談終了後
「慧然獨脱」の字を揮毫する、
河野太通老師

河野　かわいそうな気すらした、とねぇ……。

楊慧　そうなんですよ。そうおっしゃいました。お兄様格ですからね。そういう目で見てくださっていた。

河野　私が初めてお会いした時にお聞きしたのだったかな、先生自身も坐禅をしに三島の龍澤寺へ行ったことがある、と。それを聞いた時、同じような印象を持ちましたな。そういう事情から坐禅に対する思いをお持ちになったのかな、と。

楊慧　老師様、自分は何もできないですけど、これからもみんなと仲良く気持ちよく楽しく、ずっと長く続けられる太極拳をやっていきますので、見守っていてくださいね。応援をお願いします。

河野　見守っておりますよ。

楊慧　かけがえのないご縁ですから。でも、これから妙心寺の管長になられたら、老師様はますますお忙しくなって、こんな風にゆっくりお話する時間がなくなっちゃうんじゃないか、と。

河野　自分でも分からないですよ。人はそういう風に言うんですけど、本当にそういう風になるのか、どうなるのか。私はいまでも忙しいんで、人は管長になったら余計忙しくなるんじゃないかと言うけど、案外暇になるんじゃないかと思ったりね（笑）。よく分からんです、まだ。

河野太通老師は本書対談後まもない2010年4月より
臨済宗妙心寺派第三十三代管長となられた。
写真は同年5月29日に盛大に行なわれた晋山式の模様。
撮影：長表貞幸師範

楊慧　妙心寺に行かれても太極拳をやるとおっしゃっていましたが……。

河野　毎朝、龍門寺でやっていますんでね。だから、妙心寺に行ったからといって急に止めちゃったらいけないから、妙心寺でも朝やるつもりでおるんですけど。

いまは龍門寺に人間が七人居りますから、七人で一緒にやっておるんですが、妙心寺に行ったらどうなるのか。私と一緒に三人付いていきますから、まずは三人とやりますよ。

楊慧　妙心寺に行かれて、三人の方とやっていらしたら、そのうち、北京空港の話みたいに、だんだんと人が増えているんじゃないですか。

河野　だけど、私がやるのは朝の七時からだから、そんなに早く来るのかな。

楊慧　大丈夫ですよ。太極拳は朝やるのが一番気持ちいいですしね。一度、妙心寺でやられている姿を見に行きたいですね。

河野　見に来るだけではだめですよ、一緒にやらなくちゃ（笑）。

河野太通書「慧然獨脱」の色紙

楊名時名言抄

撮影：佐藤伸子師範

和をもって貴しとなす。和を貴ぶということ。有名な聖徳太子の十七条の憲法の冒頭に出てくる言葉で、太子が治国の根本としたものである。私も大好きな言葉である。

東洋の思想はつきつめていけば、結局この和の精神に帰結する。和らぎの根本は、無私であり、「不存私心」である。人のとるべき理想の世界である。

（『太極拳のゆとり』）

……私は、私どもの太極拳を貫くものは、和の心であると信じている。別の言い方をすれば、「健康・友好・平和（和平）」を願う心である。健康であるからこそ和が生まれる。また和の心が健康にしていく。友だちどうし仲よくするから和の気、和の心が交流する。また心に和があるからこそ仲よくできる。世の中が平和であるからこそ、人と人の心が和で結ばれ、心に和があるからこそ世の中は平和が保たれるのである。

（機関誌『太極』一三七号）

太極拳の妙は無であり、限りがなく、虚である。人間におきかえれば、心の広い、いつも謙虚な人になるのが理想である。したがって、他人の健康、幸福を願わなければならない。それが自分の幸福にも及んでくる。そうでなければ、永久につきることのない大河の流れのように、共存共栄することはできない。太極拳の求めるものは和である。

（『太極拳のゆとり』）

「同心協力」。この言葉は、私の大好きな言葉で、『三国志』が出典です。劉備、関羽、張飛の三人が桃園で義兄弟の契りを交わし、蜀の国を住みよい国にしようと誓い合ったときの言葉です。

同じ心で力を合わせる。同じ心とは何でしょうか。健康です。幸福です。友好です。平和です。みんなの健康幸福、そして平和と友好を願う心で協力することです。……

太極の道は、自分自身を大切にし、仲間を大切にすることによってひらかれる、と私は信じています。

（『楊名時の生きる心　動く心』）

……太極拳でも、上手下手はあるが、正しく、長く稽古していけば、だれでも健康になっていきます。それには、正しい心、正しい呼吸、正しい姿勢が大事。そういう条件のもとで太極拳を稽古すれば、より健康になる。仮に健康をそこねても、早く回復できる。必ず回復できる。そこがすばらしいなと思っています。

忠恕《ちゅうじょ》あるのみ。我以外皆我が師という謙虚な態度で、求大同在小異、同心協力で、稽古を続けていっていただきたい。

（機関誌『太極』六七号）

私どもの八段錦・太極拳では、心を込めて、深い呼吸に合わせて、ゆっくりと体を動かす。「心・息・動」である。「内外相合」で、心と体（動き）を呼吸とともに合わせていくことがたいせつである。

（機関誌『太極』一〇六号）

長い歳月の間には困ったと思うこともありました。でも、「大事化小　小事化無」大きなもめ事や心配事、トラブルはなるべく小さくするように努力し、小さな心配事やもめ事などささいなトラブルはなかったことにしましょう。これが中国の長い歴史の中から生まれた知恵なのです。不思議なことに稽古をしていると嫌なことはすっかり忘れてしまうのです。おかげで、私は心も体もいつも健康に生きることができるのです。

（『幸せを呼ぶ楊名時八段錦・太極拳』）

太極拳は、私はつねづね儒教の学説、理論を発展させ、仏教や道教のよいものを加え、より系統的に、哲学的になったと思っているが、そのうえで朱子学に注目している。……

楊名時の太極拳も、朱子の説く哲学を深く踏まえた健康法であってほしい。つまりは、仲間の健康と幸せを願い、礼を重んじること。そして、動くときは何物にもこだわらず、とらわれない心（無・空）で舞うことである。そうすれば、友の気が和合し、自らも救われ、心身がリラックスする。

（機関誌『太極』四九号）

健康太極拳、気功太極拳は、武術的な面、医学的な面も含んでいるが、さらに哲学をもった太極拳、美しい芸術である太極拳、それらを総合した文化をもった、心の太極拳でありたいと願ってきたし、これからも変わらずにいきたい。

（機関誌『太極』一〇七号）

芸術は、剛（迫力）と柔（美しさ）が相備わってこそ価値が生まれる。美しさ、外見の華美だけで、迫力が伴わなければ、飽きがきて長続きすることはできない。剛柔の微妙な調和のもとに、太極拳の芸術性も成り立っている。

（『太極拳のゆとり』）

太極拳にしても、その知識がいかにあっても好む人には及びません。非常に太極拳が好きでも、太極拳を楽しんでいる人に比べれば、やはり及ばないことです。……楽しむことは飽きがきません。楽しむことはそのことをより深く学ぼうとする心を生みます。上手か下手か、誰と比べることもいりません。楽しんで太極拳をやっていると心が落ちつき、体も柔らかく軽くなり、稽古のあとの気持ちは、言葉では表せないほどすがすがしい。心身ともに楽しくなります。楽しむ者が一番長く続きます。そして深く味わうことができるのです。

（『太極の道』）

（河野太通老師と訪れた中国・蘇州の寒山寺で、住職の性空老師と太通老師の筆談の様子のことに触れて）

二人の老師様は、それこそ言葉は通じなくても、なかなかうまくいくなと思ったの。言葉はわからないけれど心は通じる。これは私にいわせれば、楊名時太極拳の極意ですよ。

（『楊名時太極拳三十年史』対談）

太極拳のような心象の世界は、結局、言葉では表現不可能なもので、五年、十年、二十年と稽古を積み、春秋の機微を自分の心で受けとめ、体で感じる奥ゆかしさをもって、はじめて自分のものとなるのである。

無言の太極拳指導、これは私の遠い夢である。

(『太極拳のゆとり』)

太極の道は大宇宙に通ずる道であり、大宇宙と小宇宙が通ずる道です。
道とは理想に向かってたゆみなく歩き続けることです。太極の道は大宇宙の心と一体となる道、小宇宙である人間の道なのです。根本は心。人間の主宰者は心だからです。全ては心から始まり、心によって完成させることができるのです。

（『太極の道』）

【出典】

『太極拳のゆとり　――柔らかく静かに』楊名時著　一九八〇年、文化出版局刊
（※復刻版　二〇〇一年、楊名時太極拳事務所刊）

『楊名時の生きる心　動く心　――楊名時気功太極拳の極意』楊名時著　一九九三年、海竜社刊

『太極の道　――中国五千年の生きる心と叡智』楊名時著　一九九五年、海竜社刊

『幸せを呼ぶ楊名時八段錦・太極拳』楊名時著　一九九九年、海竜社刊

『楊名時太極拳三十年史』中野完二編　一九九一年、楊名時八段錦・太極拳友好会刊

機関誌『太極』四九号　一九八八年三月二十五日、楊名時八段錦・太極拳友好会刊

同誌　六七号　一九九一年三月二十五日、楊名時八段錦・太極拳友好会刊

同誌　一〇六号　一九九七年九月二十五日、楊名時八段錦・太極拳友好会刊

同誌　一〇七号　一九九七年十一月二十五日、楊名時八段錦・太極拳友好会刊

同誌　一三七号　二〇〇二年十一月二十五日、
NPO法人日本健康太極拳協会（楊名時八段錦・太極拳友好会）刊

楊名時年譜

作成：二玄社編集部
※参考資料　『太極　この道を行く』（楊名時著、海竜社刊）
「協会の歴史」（ＮＰＯ法人日本健康太極拳協会ＨＰ）

西暦（和暦）	年齢	身辺の出来事	時代背景
1924		10月10日、山西省五台県古城村の庄屋の嫡子(四女一男の末っ子)として生まれる(名・建文)。山西武門楊家の第43代。父・楊西亭(省議員、専売公社長官)、母・杜華卿。3歳頃より父から太極拳を習う。	24～27 第一次国共合作。31 満州事変。32 上海事変、満州国成立。33 日本が国際連盟脱退。
1934頃	10歳頃	それまで通っていた古城村の私塾から省都・太原の山西省第一師範付属小学校へ転入(小学4年)、故郷を去る。国術部に入り旺盛に武術を稽古。	
1937	13歳	春、太原の友仁中学に入学。さらに武術に励み、また卓球などのスポーツも能くする。	37 盧溝橋事件、日中戦争本格化。

		11月、日本軍が太原に進出し、田舎に避難。以後1年ぐらい炭鉱での避難生活が続く。	
1939頃	15歳頃	避難生活を終え太原に戻り、太原第一中学に入学（1年生として入る）。	
1940頃	16歳頃	太原第一中学2年の時、父が腸チフスで死去。一人病院で見送る。病弱の母は入院生活のため、家に一人暮らしとなり、半年後寄宿舎へ移る。	40 汪兆銘傀儡・中華民国政府成立。日独伊三国同盟調印。 41 真珠湾攻撃、太平洋戦争勃発。
1943（昭和18）	19歳	2月、山西省官費留学生として来日（名を名時に改名）。 4月、東京・東中野の東亜高等学校に入学。 夏休み、静岡県三島市・龍澤寺で一高生らとともに2週間の坐禅会に初めて参加する。	43 カイロ宣言。 44 日本軍、サイパン島陥落。
1945（昭和20）	21歳	戦争のため高校を2年で卒業、京都大学を受験し合格。	45 日本、ポツダム宣言受諾。第二次世界大戦終結。

西暦（和暦）	年齢	身辺の出来事	時代背景
		入学前の3月、母に会いに中国へ一時帰国。4月に日本へ戻り光華寮に住む（のち寮長となる）。学生時代に妻・逸子と結婚。光華寮寮長部屋で新婚生活を送り、ここで長男・進も生まれる。	
1948（昭和23）	24歳	3月、京都大学を戦争の影響で3年間で卒業。	
1949（昭和24）	25歳	京大卒業後中国に帰国するため東京へ移るが、当時校長をしていた先輩・高維先の薦めで、帰国前の一時的な働き口のつもりで東京中華学校の教員となる。	49 中華人民共和国成立。中華民国政府、台湾へ。 50 朝鮮戦争勃発。 51 サンフランシスコ平和条約調印。翌年、同条約発効し日本の主権回復。
1950年代半ば頃	20代後半	20代後半で東京中華学校校長となるが、大陸派と台湾派の板ばさみとなり1年で失職。この頃、中山正敏師範より空手を習い没頭。また、空手家・金澤弘和との交流も始まる。	54 毛沢東、国家主席に。

		東京・東中野の東亜高等学校跡地を購入、居を構え、ここで長女・慧も生まれる。	
1950年代後半以降	20代終わり以降	中華学校離職後、中国語専門学校・善隣書院の講師となる。その後、同校で十数年間講師を務める。一方、各大学の講師、中国人児童の家庭教師、翻訳のアルバイト、さらにはNHK中国語講座のゲスト講師など、30〜40代にかけて、さまざまな職につきながら生活を維持する。善隣書院の講師をしていた頃（30代前半）、留学生時代からの太極拳仲間・王勝之らと、中国の友人から送られてきた「簡化二十四式太極拳」の写真図解ポスターを参考に簡化太極拳をマスターし、庭や公園で練習を始める。	56　日本、国際連合加盟。 58　毛沢東、大躍進政策開始。 59　毛沢東退陣、劉少奇が国家主席に。
1960（昭和35）	36歳	当時講師をしていた三鷹のアジア・アフリカ語学院で、授業の合間や夏合宿で簡化太極拳を学生たちに教え始める。	60　日米安保改正。日本は高度経済成長の時代へ。 63　ケネディ大統領暗殺。

西暦（和暦）	年齢	身辺の出来事	時代背景
1966（昭和41）	42歳	大東文化大学に中国語専任講師として招かれる。以後、助教授、教授となり、30年間勤務。また、同大キャンパスでも太極拳を教え、その輪の中には、学生だけでなく教師たちも加わる。	64 東京オリンピック。 65 米軍の北爆開始。以後、世界的に反戦運動高まる。 66 中国で文化大革命起こる。
1967（昭和42）	43歳	1月11日、日本空手協会道場鏡開き稽古で太極拳を演ずる。その様子がスポーツ新聞に報じられたことが契機で、日本武道館での太極拳教室が始まる。その後、同教室は7年間続き、その間、政財界、武道、芸術、芸能その他各方面との多くの人的交流が生まれる。	68 キング牧師暗殺。
1970（昭和45）	46歳	向陽社から編訳書『簡化太極拳』を上梓。	69 安保闘争激化。アポロ11号月面着陸。
1971（昭和46）	47歳	文化出版局から初の著書『太極拳—中国	70 日米安保改正。

		八億人民の健康体操―』を上梓。	大阪万博開催。
1973（昭和48）	49歳	武道館教室終了後、空手の恩師・中山正敏師範に招かれ、恵比寿の抱一龕道場で太極拳教室を始める。 東京YMCA教室も開講。	71 中国の国連参加決定。 72 日中国交正常化。 73 第一次オイルショック（日本の高度経済成長期の終焉）。
1974（昭和49）	50歳	5月、新宿・朝日カルチャー太極拳講座、7月、名古屋・朝日文化センター教室開設。	
1975（昭和50）	51歳	文化出版局から『写真版太極拳』を上梓。 「楊名時八段錦・太極拳友好会」発足。	75 ベトナム戦争終結。 76 毛沢東死去し、「四人組」逮捕。
1977（昭和52）	53歳	機関誌『太極』創刊。	
1978（昭和53）	54歳	中日友好協会の招きで、34年ぶりに祖国中国へ。 この頃から各地で太極拳教室の開講が相次ぐ。	78 鄧小平体制確立。以後、中国は改革・開放路線へ。 日中平和友好条約調印。

西暦（和暦）	年齢	身辺の出来事	時代背景
		またこの頃、当時祥福寺僧堂師家として「動中の坐禅」に思いを巡らせていた河野太通老師が、一冊の雑誌の中の楊名時太極拳の記事との出会いをきっかけに、東京の楊名時師家の教室を初めて訪ねる。すぐにその場で一緒に練習をし、その後まもなく弟子とともに名古屋の教室に入会。以来、長きにわたる楊名時師家と太通老師との交流が続く。	
1979（昭和54）	55歳	日中友好東京太極拳訪中団として訪中。	79 米中国交が正式樹立。
1981（昭和56）	57歳	「楊名時太極拳連盟」発足。 松本太極拳協会（松本支部）発足。	80 中国、経済特区設置。 イラン・イラク戦争勃発。
1982（昭和57）	58歳	名古屋支部発足。	82 フォークランド紛争。

1983（昭和58）	59歳	国際松濤館空手道連盟弘道会第一回世界空手道選手権大会で演舞。 第一回指導者研修会が箱根で開催。	
1984（昭和59）	60歳	伊勢神宮奉納演舞。 茨城県支部発足。 ＮＨＫテレビ「婦人百科」に出演。	
1985（昭和60）	61歳	明治神宮で奉納演舞。 『ＮＨＫやさしい健康体操・太極拳』を日本放送出版協会より出版。	
1986（昭和61）	62歳	名古屋熱田神宮で奉納演舞。 第十二回総会に中国から李天驥先生招待。 第三回武術太極拳全日本大会で表演。	86　チェルノブイリ原発事故。
1987（昭和62）	63歳	京都平安神宮で奉納演舞。 横浜第一回アジア武術選手権大会で表演。	87頃～91頃　日本、バブル景気の時代。

西暦（和暦）	年齢	身辺の出来事	時代背景
1988（昭和63）	64歳	千葉県支部発足。 光圀公と朱舜水先生をしのぶ太極拳の集い（茨城県支部主催）。	
1989（平成元）	65歳	全国大会横浜大会。 北海道支部発足。 国立劇場で演舞。	89 昭和天皇崩御。 ベルリンの壁崩壊。 天安門事件。
1990（平成2）	66歳	第一回師範会。 成田山新勝寺で奉納演舞・全国大会。	
1991（平成3）	67歳	『楊名時太極拳三十年史』発行。	91 湾岸戦争勃発。
1993（平成5）	69歳	妻・楊逸子逝去。	92 天皇・皇后初の訪中。
1994（平成6）	70歳	3000名が参加して伊勢神宮奉納演舞全国大会。	

1996（平成8）	72歳	大東文化大学名誉教授就任。 楊名時八段錦・太極拳師範1000名突破。	95 阪神・淡路大地震。 地下鉄サリン事件。
1997（平成9）	73歳	ヘルニアの緊急手術で入退院。 岡山県支部発足。	97 中国へ香港返還。
1999（平成11）	75歳	健康回復。 特定非営利活動（NPO）法人の認証を得て、「日本健康太極拳協会」が発足。 東京都支部発足。	99 中国へマカオ返還。
2001（平成13）	77歳	明治神宮奉納演舞。	01 アメリカ同時多発テロ発生。
2002（平成14）	78歳	横浜支部設立（翌年神奈川県支部に）。	
2005（平成17）		7月3日、心不全にて楊名時師家逝去。 享年80歳。	03 イラク戦争勃発。

あとがき

楊名時八段錦・太極拳五十年を迎える節目の年に、本書を出版することができましたことを大変喜ばしく思っております。

これまで太極拳の型などを解説した本やＤＶＤは著してきましたが、実技だけでない、楊名時の心について語る、そのような本をこのたび、皆さまにお届けすることができたのではないかと思っております。

本書を出版するにあたり、妙心寺派管長になられるご公務の多忙ななか、対談にお付き合いくださいました河野太通老大師に、心より御礼申し上げます。老大師の人間的スケールの大きさに触れる素晴らしい時間をいただけたこと、そしてそのような老大師の心をとらえて離さなかった父、楊名時の思い出を語ることができたことは、私にとりましてもかけがえのない貴重な時間となりました。

序文寄稿を快諾していただきました中野完二副理事長に御礼申し上げます。協会の屋台骨を変わらずに支えてくださっていて、生前楊名時先生が厚く信頼を寄せていた師範のお一人です。また、本書を企画編集してくださった㈱二玄社の結城靖博さん、写真など資料集めや名言抄作成を手伝ってくださった梁成実さん、楊名時関帝美術館の作品データを提供してくれた娘、楊玲奈の三人の準師範に、心より感謝申し上げます。このほかにもご協力してくださったすべての皆様方に、御礼申し上げます。

本書が皆さまの心に届くことを願ってやみません。これからも変わることなく、「健康・友好・平和」の旗のもと、皆さまと同心協力しながら一緒に歩んでいくうえで、少なからぬ一助となれば幸いです。謝謝。

二〇一〇年十月十日

楊　慧

楊　慧
（よう・けい）

楊名時師家の長女にして楊名時太極拳の後継者。楊名時太極拳事務所代表、楊名時太極拳師範、ＮＰＯ法人日本健康太極拳協会監事、留日華僑北省同郷会理事。父・楊名時に師事し、1980年より楊名時太極拳教室の指導を開始、テレビ、雑誌、書籍などメディアを通じた太極拳の普及にも取り組む。楊名時八段錦・太極拳友好会の草創期より会の運営事務にも深く関わり、比べない、競わない心を大切にする師家の教えを守り伝え、楊名時太極拳の輪を広めるべくカルチャーセンターでの指導のほか、準師範、師範を対象とした講座も開講中。

河野太通
（こうの・たいつう）

昭和５年、大分県生まれ。18歳で同県中津市の松巌寺にて得度。花園大学卒業後、祥福寺専門道場に掛搭し山田無文師家につき修行。昭和52年、同道場師家に。昭和60年、アジア難民支援組織ＲＡＣＫを設立し会長に、さらに平成元年、南太平洋友好協会（現・アジア南太平洋友好協会）会長となる。平成６～13年、花園大学学長。平成16年、姫路市・龍門寺住職となり龍門寺大衆禅道場を開く。平成22年４月より臨済宗妙心寺派第三十三代管長ならびに全日本仏教会会長に就任。楊名時太極拳師範。楊名時師家と古くからの親交をもつ。

太極《たいきょく》の心《こころ》――楊名時《ようめいじ》の志《こころざし》を継《つ》いで

2010年 9月27日 初版印刷
2010年10月10日 初版発行

著 者 楊《よう》 慧《けい》
河野太通《こうのたいつう》

発行者 黒須雪子
発行所 株式会社二玄社
東京都文京区本駒込6-2-1 〒113-0021
電話：03(5395)0511 FAX：03(5395)0515
URL http://nigensha.co.jp

題 字 河野太通
編集協力 梁 成実
ブックデザイン 藤本京子（表現堂）
印 刷 株式会社光邦
製 本 牧製本印刷株式会社

ISBN978-4-544-16104-5 Printed in Japan